嫌われずに人を動かすすごい叱り方

人材育成コンサルタント
田辺晃

光文社

はじめに

叱れない上司が増えている

「叱ったらパワハラだと言われた」

「軽く注意しただけなのに、それ以来、部下が会社に来なくなってしまった」

「叱ったら部下の心を傷つけるかもしれない」

「叱って嫌われるのが怖い」

「自分自身、あまり叱られた経験がないので、叱り方がわからない」

近頃、このような理由で、部下を叱れない上司が増えています。


こんなふうになってしまうのは、上司の責任ばかりではありません。

終身雇用が崩壊した現在の職場では、長い年月をかけて上司が部下を育てるという文化が失われつつあります。せっかく上司が嫌われ役となって部下を育てても、部下はすぐに転職したり、ほかの部署に異動になったりしてしまう。それなら、叱ったところで恨《うら》まれるだけ損だというわけです。

また学校や家庭でも、叱るよりは褒めて伸ばすという教育方法が一般的になっていきます。生まれてこのかた、ずっと褒められて育った若者は、叱られることに免疫がありませんから、ちょっと注意されただけでもそれを自分の人格の否定と受け取ります。場合によってはそのせいで会社を辞めてしまうことも珍しくありません。人手不足に悩む企業は辞められては困りますから、なおさら傷付けないように大事にすることになります。

しかしいつの時代も会社組織において、「叱る」という行為は絶対に必要なものです。

少し古い資料ですが、雑誌『プレジデント』の調査によると、約7割の人が職場で厳しく叱ることを必要だと感じています。にもかかわらず、実際には叱るという行為が減っているのです。

上司が部下を叱れない。本当にそれでいいのでしょうか。

叱るということは、お互いの信頼関係がなければできないことです。そして信頼関係を築くには、お互いにコミュニケーションを重ねるしかありません。

ところが意外と軽視されがちなのが、職場におけるコミュニケーションです。

かつて日本の企業においては、同僚同士はともかくとして、上司と部下が友好的な関係を築くためのコミュニケーションはあまり重視されてきませんでした。上司は部下に仕事を命じ、部下はそれを実行さえしていればいい、という考え方が主流だったためです。

しかし、本当は上司と部下のコミュニケーションこそ、強い組織をつくるために欠かせないものなのです。上司と部下がきちんとコミュニケーションがとれている関係であれば、多少厳しく叱っても人間関係にヒビが入るようなことはありません。むしろ、叱ったことを感謝されるようになります。

本書でお伝えする叱り方は、上司が一方的に部下を叱責するのではなく、上司が部下と対話しながら、部下に行動や考え方の是正を求める方法です。ですから叱るほうにも叱られるほうにも、ほとんどストレスがかかりません。隣で聞いていても「これで本当に叱っているの？」と思うくらい、おだやかに対話が進行していきます。叱ればお叱るほどお互いの信頼関係が深まるので、職場の雰囲気も人間関係もよくなり、働きやすい職場になっていきます。

また、もう一つの特徴として、さまざまなタイプの部下やトラブルの状況に当てはめることができるよう論理的なステップになっているので、誰もがうまくアレンジしながら活用することができます。

「叱るのが怖い」「叱れない」という人は、効果的な叱り方を知らないだけです。実は、かつての私もその一人でした。方法を知らなければ、それができないのは当たり前のことです。もちろん「知っているけどできない」ということもあるかもしれません。しかし、「知っている」と「知らない」は全然違います。まずは本書を読んで効果的な叱り方を知ってください。そして少しずつでも実践すれば、必ずできるようになります。

本書でお伝えする叱り方には、コミュニケーションのほとんどが込められています。コミュニケーションは組織の血液のようなものです。スタッフを認めて活かすコミュニケーションをしていけば、強い組織になることは間違いありません。

日本理化学工業の故大山泰弘会長は、「人間の幸せは人から愛されること、人から褒められること、人の役に立つこと、人から必要とされることであり、これらは仕事から得ることができる」と言っています。このような幸福が感じられる職場をつくることができれば、そこで働く全員が充実した人生を送ることができます。

この叱り方が目指すところは、このような職場づくりです。みなさんの職場の人間関係がうまくいくことを願ってやみません。

田辺　晃

2019年　4月

第1章 叱ることの本質を知る

第2章 良い叱り方には「型」がある

第3章 やってはいけない叱り方

第4章 こんな部下にはこう叱る

第5章

シチュエーション別の叱り方

本文デザイン　喜來詩織＋永井里実（tobufune）
編集協力　長山清子
本文イラスト　村山宇希

第1章

叱ることの本質を知る

キレる前に、立ち止まろう

叱るという行為には、上司の人間性がそのまま表れます。中途半端な覚悟で叱れば、必ず部下にそれを見透かされてしまいます。ですから、まず「何のために部下を叱るのか」ということをしっかりと考えてほしいのです。

部下を叱るのは、決して部下に精神的打撃を与えるためでも、自分が部下より心理的優位に立つためでもありません。叱られることによって部下は自分に足りない点に気づき、それを改めようと努力します。そうやって成長していくのです。

つまり**叱る目的とは、その人を成長させることに他なりません**。そうであるならば、叱るという行為は部下の育成そのものです。部下育成も上司の大事な仕事の一つである以上、**「叱るのは苦手だから」といって叱らないのは、上司の義務を放棄して**

いることになります。

たとえば会社のフロアに自分一人しかいないときに、電話がかかってきたとしましょう。「自分は電話が苦手だから」といって、かかってきた電話を無視できるでしょうか。自分しか電話に出る人がいない以上、自分が受話器をとって電話に出るしかありません。

叱ることもそれと同じです。ましてや、若い部下の気遣いのなさや態度の悪さに「あいつはダメだ」と陰口をたたいたり、眉をひそめたりするようではいけません。それを正すのが上司の役目です。嫌だとか苦手だとか言っている場合ではありません。

かくいう私も、かつては決して理想的な上司ではなかったと思います。人を動かすのが苦手で、部下がいても、何でも自分でやってしまうほうでした。しかし、それでは組織力が引き出せないことは言うまでもありません。

部下を叱るのも下手でした。私はあまり怒る上司ではありませんでしたが、一度、課長時代にしつこく反論してきた部下を怒鳴りつけたことがあります。

技術系の職場でした。過去の製品も含めて使われている材料について調査をすることになった男性の部下が、朝から図面の束を広げています（まだCAD《キャド》というコンピュータ製図が一般的でなかったときのことです）。

私　「書庫の旧図面も調べたらどうだ」

部下「書庫には全部はそろってないと聞いています。全部は調べられませんよ」

私　「設計課のタカギさんなら、在《あ》りかを知ってるかもな」

部下「タカギさん腰痛でしばらく休まれているようです。今すぐは聞けません」

私　「設計課長のキノシタさんに相談したら」

部下「キノシタさんも出張されているので、今週は難しいです」

私　「購買課のリストはあたったのか」

部下「どこまで過去の書類を保存していますかねえ。結局、全部を調べることはできないと思います」

というやりとりが10分ぐらい続きました。まわりには30人ぐらいの部下がいて、このやりとりをすべて聞かれています。私は面目をつぶされた気になり、「この生意気な部下を懲《こ》らしめなければいけない」と思ったのです。

当時の私は叱るということの本質がわかっていませんでしたから、「なんだ、おまえ。さっきから俺の言うことに片っ端から反対して」

とわざと周囲に聞こえるように大きな声で怒鳴りました。カッとして怒鳴ったというよりは、「私だってキレるときがあるんだぞ、と教えてやろう」と演出効果をねらって怒鳴った気がします。つまり力で従わせようとしたのです。また内心では、こんな思いも渦巻いていました。

「私が普段温厚だからってなめやがって。なめられんように、やっぱり言うべきときは言わなければいけない」

「言うべきときは言わなければいけない」というのは、別に間違っていません。しかしその手段として、怒鳴るということしか思いつかなかったのです。

大声を出した私を見て、みんな「課長がキレた」と思ったのでしょう。職場は水を打ったように静まり返り、全員こちらを見て見ぬ振りをしています。叱られた部下は私が怒鳴ったので反論をやめましたが、なんとも後味の悪い出来事でした。

その後もその部下との関係はうまくいきませんでした。それも当然かもしれません。怒鳴ったほうの後味の悪さは数時間で消えるとしても、怒鳴られたほうの傷はなかなか消えず、ずっとしこりが残ることもあります。私のやり方は明らかに間違っていたのです。

考えてみたら、私はそれまでちゃんとした叱り方を学んだことがありませんでした。当時はまだ叱り方に関する本などの情報も少なかった時代です。自分のまわりにいる上司の叱り方を見て、それを真似するしかありませんでした。

痛みではなく、喜びで人を動かす

私が社会人になったのは、１９７９年のことです。そのころの上司は部下を叱るときは、「なにやってんだ、おまえ！」というように感情をむき出しにして怒るのが普通でした。当時、私自身はあまり理不尽に叱られた記憶はありませんが、同僚がこっぴどく叱られていたのは覚えています。「あの事業部長は会議のときに灰皿が飛んでくるんだ」という噂もありました。私の勤めていた会社は「社員は技術的な腕だけあればいい」「社員は個人の才覚で生きるべきだ」という野武士集団のような会社でしたから、なおさら上手な叱り方を学ぶどころではありませんでした。

あるときその会社で、他の社員が上司にガミガミ叱られて、会社に来なくなってしまったことがあります。するとその上司は部下の家にまで電話をかけて、また怒鳴っているではありませんか。

その姿を見た私は、「あんなことをしたら、かわいそうじゃないか」と思ったけれど、同時に、「あれくらいしないと人は動かないんだな」とも思ってしまったのです。

しかし私はのちに、その考え方が間違いだったと気づくことになります。

つまり私が若いころ一般的だったのは、人を「痛みで動かす」マネジメントでした。

「今期はまだ目標に到達していないじゃないか。できないとどうなるか、わかっているんだろうな」

このように「~~しないと苦痛を与えるぞ」と脅す（あるいは実際に苦痛を与える）のが、痛みで人を動かす方法です。

痛みで動かすマネジメント（=痛みのマネジメント）は、短期的には非常に効果があります。しかし痛みが消えれば、行動もそこで止まってしまうのです。

たとえばノルマがまだ80パーセントしか達成できていないとき、「このままじゃ目標を達成できないぞ。どうするんだ」と言えば集中力や瞬発力が出ます。しかし99パーセント達成しそうになると、「もういいや」と気が緩んでしまう。

「痛みで動かすマネジメント」に対して、人を動かす方法がもう一つあります。それが**喜びで動かすマネジメント（＝喜びのマネジメント）**です。人は仕事がうまくいくことに喜びを感じるようになると、ノルマを達成したあとでも、「もっと頑張ろう」とか、「またやろう」という気になるのです。

痛みのマネジメントも、ときには必要かもしれません。しかしこの方法で動かされるほうには、常にストレスがかかり続けています。このマネジメントをずっと続ければ疲弊し、心身を病む部下も出てくるでしょう。その結果、離職率が上がってしまうかもしれません。しかも、痛みを与える方法は、表面的な行動は是正できても、根本的な考え方を改めるところまでいきません。そのため、また別のときに別の形で問題が出てくることがあります。

その人に自発的に言動を是正してもらうためには、力で押さえつけるような叱り方ではなく、本当に相手が納得して考えを改めてくれるような叱り方をする必要があるのです。それが、本書で紹介する喜びで動かす方法なのです。

信頼関係がないと人は動かない

私の叱り方の特徴を一言で言うと、こうです。

「褒め言葉をはさみつつ、叱る」

叱られた経験がある人なら誰でも覚えがあると思いますが、叱られたときの心の中は、たとえ黙っていても、反発心や屈辱、押し殺した言い訳、怒りなどが渦巻いています。ちょっとした嵐が吹き荒れているようなものです。そんなところへ理屈をグイグイ押し込んだところで、反発されて頭の中に入っていきません。だから効果がないのです。

しかし、叱るときでも適切な褒め言葉をはさむとどうでしょう。「私は敵ではない。あなたの味方だ」ということが伝わるので、心のバリアが緩みます。だから叱ったことが心に染み入るのです。

このように言うと、

「なぜ上司が部下のご機嫌取りをしなければならないんだ」

「部下は上司の言うことを黙ってやればいいんだ」

と思う方もいるかもしれません。その気持ちはよくわかります。

「褒めるのは苦手だ」「褒めるのはわざとらしい」「目下の人間におもねるようで抵抗がある」という方もいます。「うちの連中はまったくどうしようもないやつらです。いったいどこを褒めればいいんですか」と嘆《なげ》く人も少なくありません。

このような人は「褒める」ということを大げさにとらえすぎています。のちほど詳しく説明しますが、褒めるといっても、この程度でいいのです。

「いつも元気な声で挨拶してくれるね」

「お願いしたことを着実にやってくれるのでありがたいよ」

ビジネスパーソンとして人一倍優れたところがなくても、普通に良い行いを口にすればいいだけです。「褒める」というよりは「認める」と言ったほうが適切かもしれません。そうすれば部下は「この人は自分をちゃんと見ていてくれる」と感じます。それが信頼関係につながるのです。そして信頼関係ができると、人は動いてくれるようになります。

逆に、心にもないお世辞を言えばすぐにバレてしまうでしょう。「この人はおべんちゃらを言って私をうまく使おうとしている」と不信感を抱かれてしまいます。したがって、思ってもいないことを言って褒めるのは厳禁です。

効果的に叱るためには、普段からよく部下のことを見て、ちょっとしたことでもいいので、心から認めることができる点を探しておかなければいけないということです。

「普段から部下のいいところを探すなんて、面倒だ」と思うかもしれません。

白状すると、私自身がそういうタイプでした。職場は仕事をしに来るところであって、上司や同僚とのコミュニケーションはおまけのようなものだと思っていました。業務遂行能力さえあれば仕事は回ると思っていました。

実際、若くてまだ部下がいないころは、それでもなんとかなっていました。ところが部下ができてくると、仕事がうまく回らないのです。

私は理系の出身で、大学で機械工学を学んだあと、エンジニアリング会社に就職して原子力発電所の建設に携わっていました。エンジニア全員がそうだというわけではありませんが、ずっと機械を相手にしてきたせいか、人の気持ちに無頓着で、「理屈が通れば仕事は進むものだ」と単純に信じていたのです。

新卒で入った会社を辞めたあとは、故郷の北九州市に本社がある住設機器メーカーに転職し、10年間は工場の技術担当課で生産技術や品質管理などの仕事をしていました。そこでもバリバリのエンジニアで、人間よりは機械の相手をすることのほうが多かったと思います。

ところが私もだんだん部下ができてくると、いままでとは勝手が違うことに気づき始めました。人に頼むことがあれば、そのまま「はい」と渡せば自動的に組織が回ると思っていたのに、なぜかそうならないのです。頼んだ仕事を期日までにやってくれない。頼んだ仕事の内容が間違っている。部下たちにやる気が見られない。そんなことの連続でした。

会社が準備してくれた管理職の研修を受け、「組織の方針をどうやって打ち出すか」「どうやって仕事を進めていくか」などを学びましたが、それでもなかなかうまくいきません。そのうち私はインドネシアの関連会社に行くことになり、インドネシア人の中でただ一人の日本人になりました。

インドネシアにおける日本人は、昔の日本人から見たアメリカ人のような存在で、憧れの対象です。ですから社員たちも一応表向きは、何でも「はい」と言ってくれます。ところが仕事は一向に進みません。

私が「頼んだことをやってくれていないじゃないか。いつやるのか」と聞くと、インドネシアの人たちは決まって「ｂｅｓｏｋ（ベソック）」と答えます。ベソックとはインドネシア語で「明日」という意味。つまり「明日やります」というわけです。

しかし、辞書でベソックの意味を引くと「明日」ですが、彼らのニュアンスとしては「明日以降」を指すのだということがだんだんわかってきました。

0 コーチング理論で考える

インドネシアの人たちののんびりした国民性も私の指示が通らない原因の一つではありましたが、それが根本的な問題ではなさそうでした。通訳もいましたし、たいていのことは英語でも通じましたから、言葉の問題でもない。

原因は、私の仕事の進め方にありました。私が「私は指示を与える人、あなたは指示されたことをやる人」という調子で単純に仕事を分け、「はい、これやって」と指示を出しているだけだから、相手が動かないのだということが徐々にわかってきたのです。そして後に、自分のやり方・考え方に大きな欠陥があることがわかりました。

きっかけはコーチングに触れたことでした。

私がインドネシアへ赴任していたのは２０００年から２００４年ですが、そのころ、アメリカから日本にコーチングという指導スタイルが入ってきました。これは対話によって相手の考えや行動を引き出すアプローチで、ご存じの方も多いと思います。私はインドネシアにいましたが、コーチングに関する本を日本から送ってもらって読んだのです。

しかしこのときは、まだ本当にコーチングを理解したとは言えません。「もっと部下と話をしなければいけないな」と思った程度です。コーチングを初めて本格的に勉強したのは、日本に帰国後、会社主催の外部講師によるコーチング研修を受けたときでした。２日間の研修を通じて、私は自分の存在を揺さぶられるような大きなショックを受けたのです。

人は理詰めでは動かない。いくら上司と部下の間柄でも、ちゃんとコミュニケーションをとって相手の心に入っていかないと、動いてくれないのだということがようやく理解できたからです。

そのとき私はすでに52歳でした。なぜこんなに大事なことを、いままで知らずにきてしまったのか。いままで社会人として過ごした30年近い月日は、なんという損失だったのか。

私は過去を取り戻すかのように熱心にコーチングを学ぶようになり、その後、働きながらNLPトレーナーアソシエイトというコミュニケーション心理学の資格を取得しました。

コーチングを学ぶ前の私は、はっきり言って人の気持ちに鈍いほうでした。

しかしコーチングの理論は非常に論理的に構築されていました。私はもともと理系なので、論理的に説明してもらえれば、感情などの右脳的な世界でもよく理解できます。おかげで、人の気持ちを理解することの重要性に気づくことができたのです（余談ですが、理論で感情を理解したようなところがあるので、いまでは自分のことを「左脳で右脳を理解した男」と名乗っています）。

コーチングと出会う前の私は、人の感情にあまり興味がありませんでした。相手の気持ちを想像しない。だから鈍い。どれくらい鈍いかと言うと、たとえば相手の言葉を額面通りに受け取り、言葉の裏にある本心に気づけなかったり、会話のズレをすり合わせなかったりしました。

たとえば大げさに言うと、こんな調子です。

最初に勤めた会社で、私はある機械の導入を担当していました。その機械の施工要領書の作成も私の担当でした。あるとき、他のプロジェクトのメンバーである同僚が私に聞いてきました。

「今度うちのプロジェクトで、こんな設備を導入しようと思うんだけど、そちらのプロジェクトの資料も参考にしたいんだ。工事基準書はできてる？」

私は「工事基準書ということは、名称が違うのだから、うちの施工要領書とは違うものだな」と考え、「工事基準書？　そんなものはつくってないなあ」の一言ですませてしまいました。前後の文脈や相手の声の調子などに注意することなく、言葉だけに強くとらわれていたのです。

あとで知ったのですが、彼は施工についての考え方とか要領とか、諸々の情報を集めたかったようです。それなら書類の呼び方は違っても、私の施工要領書でも十分に役に立てたはずです。

いまなら積極的に、「工事基準書という名前の文書はつくってないけど、施工要領書ならつくってるよ。どんな情報がほしいの？」と答えていると思います。

そんな調子で、その裏の本心などを想像することはまったくありませんでした。**人間は口では「はい」と言っても、内心は「はい」ではないときもあります**。不承不承の「はい」もあれば、気持ちよく納得して「はい！」ということもある。しかし私は「はい＝ＯＫ」だと短絡的に思い込んでいて、それ以外の可能性をまったく疑いませんでした。

一般化するわけではありませんが、私のように相手の感情を察するのが苦手な人は男性に多く、相手の気持ちを推し量ったり読み取ったりするのは、女性のほうが得意なように思います。前述したように理系の世界でずっと過ごしてきたことも、私が感情を軽視してきた理由かもしれません。職場に女性がいなかったわけではありませんが、やはり男性中心でした。

その点、私の妻はバリバリの右脳派です。思ったことをパッと言葉に出します。誰だって家の中では適当にしゃべるものですが、私はなかなか妻の気ままなおしゃべりを受け止めることができません。たとえば、妻が何かの名前や表現を間違って言ったりすると、私は妻の不正確な言葉遣いが気になって指摘せずにはいられません。

こんなことがありました。朝早く、郊外の人気カフェに行くと、すでに駐車場には半分くらい車が停まっていました。

妻「わあ、もういっぱいだね」

私は心の中で『えっ？　まだ半分程度しか車がないけど……』と思いながら「いっぱい？　まだ5、6割だろ。あれを見て、もうたくさん車が来てると思ったんだね」といちいち反応してしまいます。

また妻は、急に前触れもなく話題を変えます。自宅でテレビを見ながら夕食を食べているとき、こんな会話になりました。

妻「この麺、シコシコしていておいしいね」
私「うん、うまいね」
妻「こんなスープにはもっちりした太麺が合うよね」
私「歯ごたえもあるしね」
妻「やっぱり細いね」
私「えっ、何のこと?」
妻「ほら、○○ちゃんの脚よ」と、テレビに出ているタレントに目を向けます。
私「なんだ、急に話を変えるとわからないよ」

突然話題が変わったことに、つい苛立ちを見せてしまいました。しかし本当は、妻の視線が食卓の上からテレビに移ったことから、妻の関心もテレビに移ったことに気づかないといけないのでしょう。

本書で紹介するのは、こういう理屈ばかりにこだわり、人間の感情に鈍感な人間が苦労して編み出した叱り方です。どんな人が叱るときも効果がありますが、私と同じような「鈍い」男性には特に効果があると、自信を持って断言できます。

また論理的に構成された基本のステップから成っていますので、ご自身のケースに当てはめることが簡単にできます。

コラム

組織を成り立たせる3つの要素

経営学者のチェスター・バーナードは、会社のような公的な組織が成り立つには、次の3つの要素が必要だと言いました。

まず「共通目的」。その組織が何のためにあるのかという共通の目的を持っていなければいけないということ。さらにメンバーのあいだに、この組織に貢献したいという「貢献意欲」が必要です。そして「共通目的」と「貢献意欲」の二つを実現させるものが、メンバー間の「コミュニケーション」なのです。

私自身、職場におけるコミュニケーションがそれほど重要なものだとはまったく思っていませんでした。仕事をきちんとこなすことが第一で、人間関係は二次的なものにすぎないと思っていたのです。

しかし同じく経営学者のロバート・カッツによれば、「対人関係能力（ヒューマンスキル）」は、「業務遂行能力（テクニカルスキル）」や「概念化能力（コンセプチュアルスキル）」など、いわゆる仕事の能力と並んで求められるものです。そのことを表しているのが1950年代にカッツが提唱した有名な「カッツモデル」（図）です。

このモデルによると、マネジメント職でも役職が低いうちは、商品知識が豊富だとか、簿記ができるとか、その技術に詳しいというような業務遂行能力が主に必要とされ、企画立案や問題解決などの概念化能力の必要性は小さい。そして、役職が上がるにつれ、この両者の比率は反転します。一方、コミュニケーション能力やプレゼン能

カッツモデル

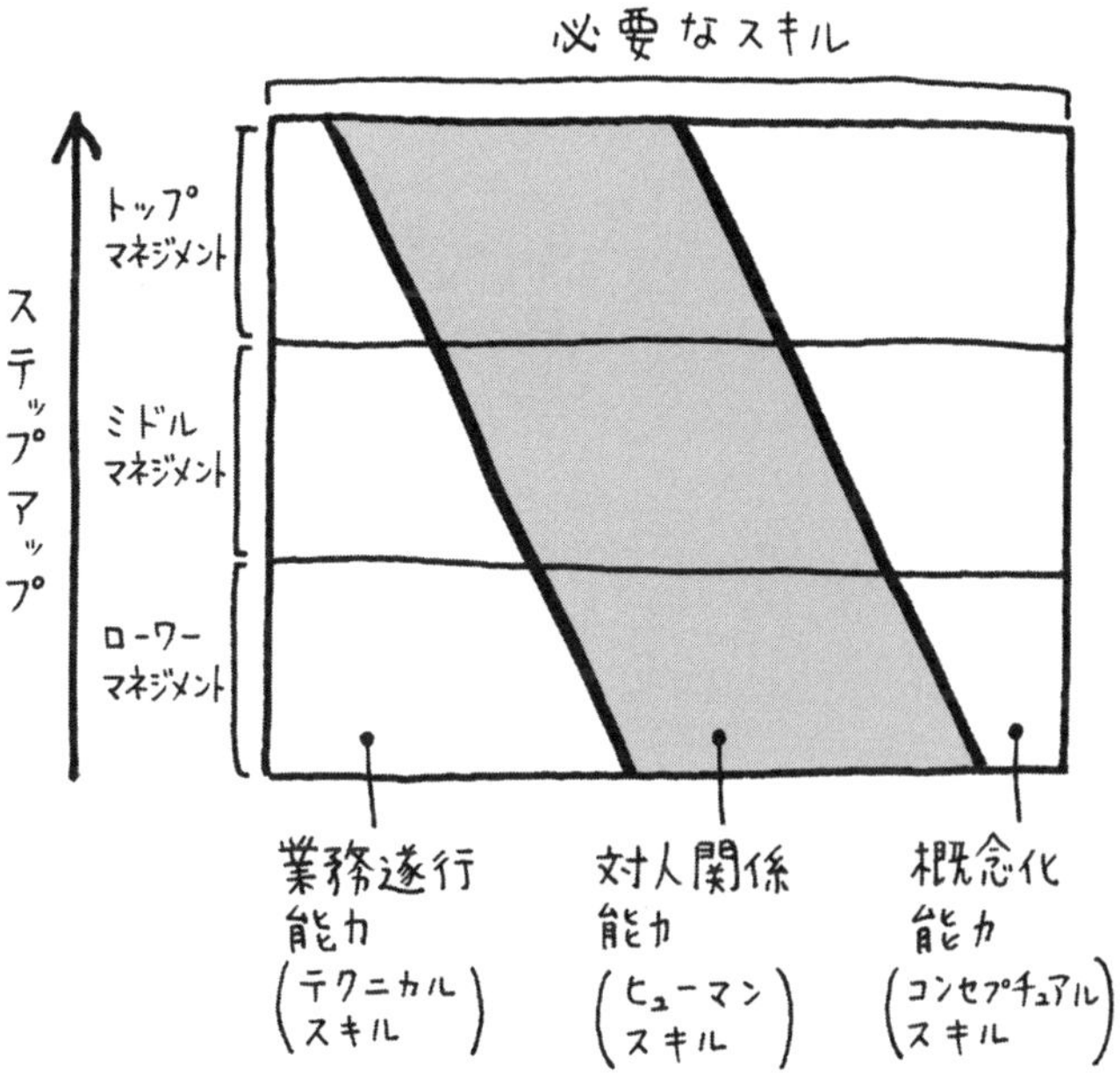

人とのコミュニケーション、プレゼン力、交渉などの対人関係能力は、どんなポジションでも重要なスキル

力、ネゴシエーション能力などの対人関係能力は、どの階層のマネジメント職でも重要としています。

これまでの日本では、会社の中で業務遂行能力や概念化能力に比べて、対人関係能力はあまり重視されてきませんでした。しかし、はじめて部下を持つような方も含めマネジメント職にある人にとって、対人関係能力は実は大変重要なものであり、二次的なものと考えるのは誤りなのです。

第2章

良い叱り方には「型」がある

0 叱ることへの心理的なブロックをはずす

叱るということは、慣れないうちは難しいことです。間違った叱り方をすることで、人間関係にしこりを残す恐れもないとは言い切れません。

したがって、何の準備もせずにいきなり叱るのは危険です。うまく叱るにはある程度の知識と準備が必要です。

まずは第一段階として、叱ることに対して私たちが無意識に持っている罪悪感や苦手意識を取り除くことです。それには次の3つのことを理解しましょう。

1 叱る目的を理解する

2 自分の役割を理解する

3 人間の心理を理解する

まず、1 叱る目的を理解します。すでに述べたように、一番は部下を成長させることですが、具体的には次の3つを目指します。

・部下の行動や考え方を是正する

どんなに優秀な部下であっても、人間である以上、パーフェクトではありません。ミスもするでしょうし、未熟なところもあるはずです。そこに自分で気づいて直せればいいですが、そうでないときは上司が指摘して誤りを正す必要があります。

・部下の成長や変化の可能性をひらく

上司に上手に叱られた部下は、必ず成長します。上司に指摘された行動や考え方が改まれば、少なくともそのぶんは確実に前進するからです。親が子どもをしつけるのと同じで、甘やかすことが愛情ではありません。

・部下のモチベーションを高める

叱られた部下はモチベーションが下がると思うかもしれません。しかし本書で提案する叱り方は、本人のいいところを認め、褒め言葉もプラスしながら叱るという方法です。だから耳の痛い指摘も素直に聞けますし、逆に「そんなところまで見ていてくれたのか。そんなに期待されているなら、それに応えたい」と思うようになります。

つぎに、2 自分の役割を理解します。

繰り返しますが、叱るのは上司の役割です。他の誰でもなく、自分が第一の責任者としてやらなければならないことです。苦手だからといって、その役割から逃げられないことはもうおわかりだと思います。

最後に、3 人間の心理を理解します。人間はどんなことにどう反応するのか。どうすればこちらの言いたいことをわかってもらえるのか。

本書では必要に応じて人間の心理を説明していますので、読みながら「こういう言い方が反発を招くのか」「こういう言い方をすれば心に届くんだな」というように、人間の心理を学んでいってください。人間の心理を理解すれば、叱ることは決して難しくありません。

主観は抑えて、客観的事実だけを叱る

部下を叱る前に、知っておくべき事柄がいくつかあります。その一つが「事実は一つではない」ということです。

たとえばタナカ君という部下が、他の課と合同で週一回開かれる会議に、30分遅れてきたとしましょう。タナカ君が会議に遅刻したのは今週だけでなく、先週も遅れてきました。上司としては「タナカは時間にルーズだ」とか、「タナカは会議を軽視している」とか、「仕事を怠けている」と思ってしまいますが、この出来事における客観的事実は、「タナカ君はこの会議に、先週と今週の2回続けて遅れてきた」ということだけです。

「タナカは時間にルーズだ」とか、「タナカは会議を軽視している」とか、「仕事を怠けている」といったことは、自分が感じている主観的事実、つまり自分の解釈・評価にすぎないのです。

客観的事実と主観的事実の区別をつけずに叱ると、

「おまえは会議をなんだと思っているんだ」

「あなたは仕事をやる気がないんじゃないの」

というように主観的事実に支配された叱り方になってしまいます。

そして**主観的事実を持っているのは、自分だけではありません。当然、タナカ君にも主観的事実があります。**たとえば、

「会議の時間はわかっていたけれど、大事なお客さまからクレームの電話が入って、途中で切ることができなかった（そちらを優先したのは正しいことだ）」

「余裕を持って行動していたけれど、電車が大幅に遅れた（これは仕方ないことだ）」

などです。

しかし上司が、「こいつは会議を軽視している」とか、「怠けている」という主観的事実に支配されてしまうと、続いてこんな感情が起こってきます。

「私が主催する会議なのに遅れやがって。他の課の連中に示しがつかないじゃないか」

「私をバカにしているのか、こいつは」

感情が生まれるのは出来事に対する解釈・評価が生じるからですが、時間にすればほんの一瞬です。だから、

「おい、おまえ、いいかげんにしろよ」

「あなた、最近たるんでるんじゃないの」

というように、いきなり主観的事実である解釈・評価や感情で叱ってしまうのです。しかし、これでは叱られるほうも理不尽さに反発したくなるばかりでしょう。


ですので、**叱る対象はあくまでも客観的事実だけにしぼります**。

上司が自分の解釈・評価や感情を抱いてはいけないというわけではありません。のちほど説明するように、感情をそのままぶつけるのではなく、叱る効果を高めるために上手に伝えていけばいいのです。

「何について叱るか」「どうしてほしいか」をはっきり伝える

いきなり頭ごなしに「何をやってるんだ！」と怒られたことはないでしょうか。何について怒られているのかわからないと、反省するどころではなく、ただ反発心だけがむくむくとわいてきます。ですので叱るときは、叱る原因となった出来事について、双方で確認する必要があります。

「会議に2週間続けて30分遅れたよね」というように、叱る対象となった出来事を指摘しないと、こちらが何について叱っているかが部下に正確に伝わりません。ここを省略してしまうことが意外と多いのですが、それは相手がわかっているだろうというこちらの思い込みです。部下にしてみたら、「あのことの話かな？」と想像しつつも、自分の落ち度について指摘されているとは思っていなかったり、重大なことではないと軽く受け止めていることもありますから、省略せずに伝えることが大事です。

「昨日の午後、こんなことがあったよね」

「おとといの午後、あなたはお客さまに商品について説明していたわよね。そのとき、誰も見ていないと思ってペンを右手でくるくると回していたでしょう」

「先週の金曜日、私が支店長に挨拶したとき、きみは名刺を切らしたといって渡さなかったね」

というように、叱る対象となった出来事が起きた日時を特定し、どの行為が問題なのかを明らかにします。

ここでは、「きみの注意が足りないせいで……」とか「本当に勘弁してほしいんだけど……」など、余計なことは加えずに事実をそのまま伝えます。

次にその出来事に対して自分がどう思ったかという「解釈・評価」を伝えます。ここで気をつけなければいけないのは、**「きみ」を主語にしたいわゆる「Ｙｏｕメッセージ」ではなく、「私」を主語にした「Ｉメッセージ」で伝えること**です。「きみ」を主語にした「Ｙｏｕメッセージ」で伝えると、「**おまえ**、たるんどるな」というような決めつけになってしまいます。

たとえば、

「**私の目には**、あなたが緊張感に欠けているように見えたわ」

「**私は**あなたが会議を軽視していると思ったよ」

というように、自分の目にはこのように見えた、自分はこんなふうに感じたという言い方にします。そうすればその事実自体は正しいし、「きみ」を主語にしていないので、決めつけにはなりません。

「**私は**～～と思った」

「**私の目には**～～に見えた」

「**私には**～～と聞こえた」

「**私は**～～と感じた」

という言い方をしてください。なお、日本語では主語が往々にして省略されるので、そちらのほうが言いやすいかもしれませんが、その場合でも、「（私は）○○と思った」「（私の目には）こんなふうに見えた」「（私には）こう聞こえた」「（私は）○○と感じた」というように、省略された主語を受けた動詞で締めくくることを忘れないでください。

なぜこのような言い方をしたほうがいいかと言えば、部下には部下の別の事実があって、同じようには見えていないかもしれないからです。

出来事から解釈・評価が発生した裏には、上司である自分の価値観や考え方が必ずあります。たとえば「会議にはどんなことがあっても必ず時間前に来るべきだ」というような価値観です。しかしそれは、あくまでも自分の思い込みにすぎません。他の人は「社内の会議よりも社外のお客さまを優先すべき」という価値観を持っているかもしれないのです。

さらになぜ解釈・評価から感情が芽生えるかというと、相手が自分の価値観に沿った行動をしてくれるだろうという期待があるからです。

「私の部下であれば、会議にはきちんと時間の余裕を持って来るはずだ」

このような期待を裏切られるとムカッときます。ところがこれはよく考えてみたら、自分が勝手に抱いている期待ですから、相手には関係のないことです。それを

相手を否定するような言葉（Youメッセージ）ではなく、相手の言動に対して自分がどう思ったか（Iメッセージ）を伝える

「**きみは**なぜいつも会議に遅れるんだ」

「**きみは**時間にだらしないぞ」

というように「**Ｙｏｕメッセージ**」で伝えるから、相手は押しつけや決めつけを感じて反発を覚えるというわけです。

その点、「**私の目には**〜〜のように見えた」と言えば、相手にも「そうだったかもしれない」と自分を省みる余裕が生まれます。

Ｉメッセージで解釈・評価を伝えたら、次に「次回からは会議の始まる5分前には会議室に来ていてほしい」というようなこちらの要望を伝えます。

「今後は○○してほしい」という再発防止の観点や、「お客さまに謝ってほしい」という事後処理の観点など、状況に応じていろいろな要望が考えられると思います。

しかし、すべての要望を細かく伝える必要はありません。これからどのようにすべきかは相手に考えさせ、本人が自分で決める余地を残しておくことも大切です。

怒りを鎮め、叱る準備をする

どんなに叱りたいときでも、その場では叱らない。これも大事な原則です。その日の夕方、あるいは翌日の昼休みなど、半日から一日くらいの時間を空けてから叱りましょう。

その時間を利用して、事実を整理したり、怒りの気持ちを鎮《しず》めたりしてください。その準備が整ってから、改めて会議室など二人だけで話せる場所で叱ります。

叱る準備をするときは頭の中であれこれ考えるのではなく、ノートに書き出して文字にするといいでしょう。特に54～55ページの図のようなシートに書き込むと、自分の中で整理ができて、感情的になることなく冷静に叱ることができます。

さきほど説明したように、私たちは「客観的な事実」と「主観的な事実（つまり解

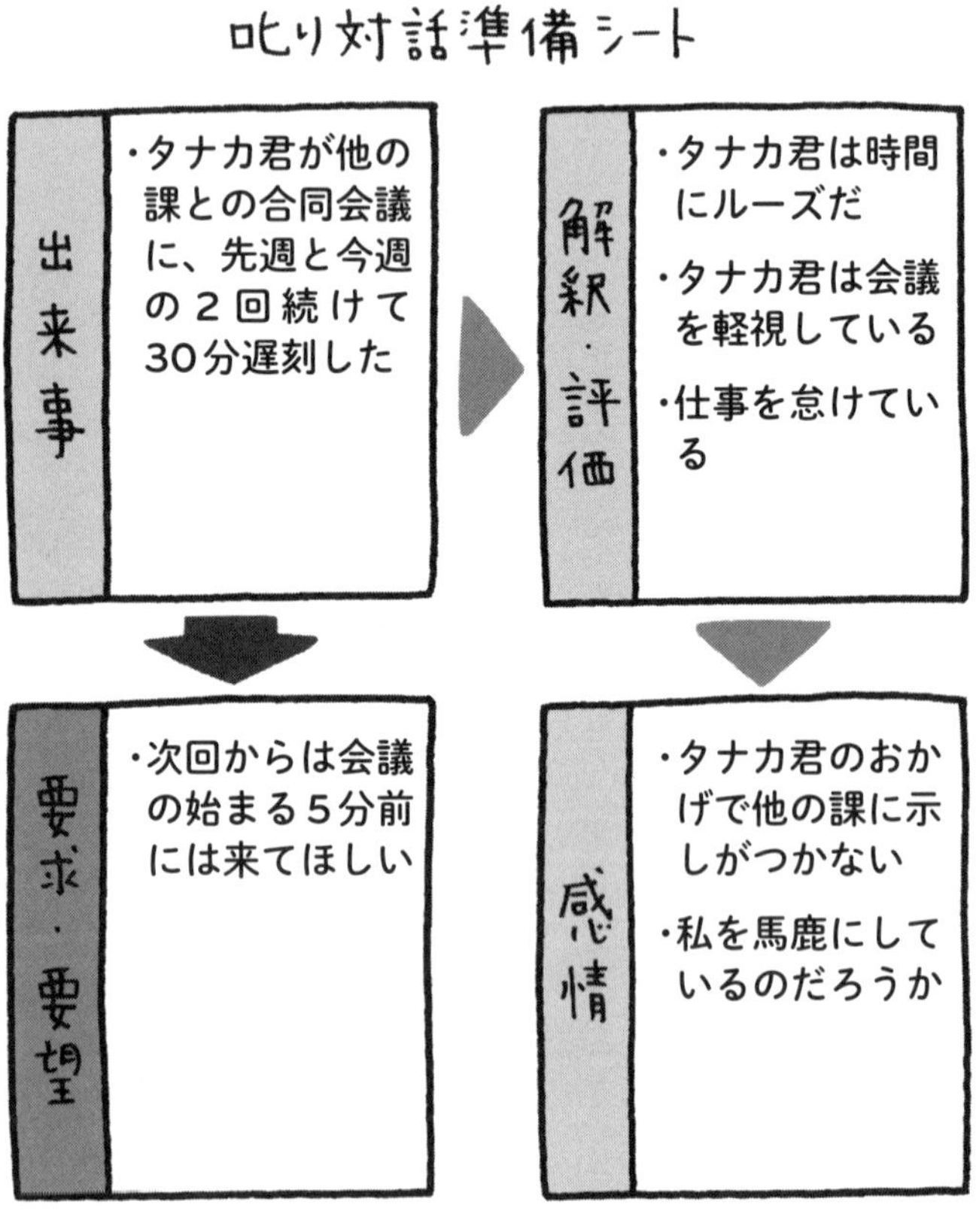

タナカ君（44ページ）の例

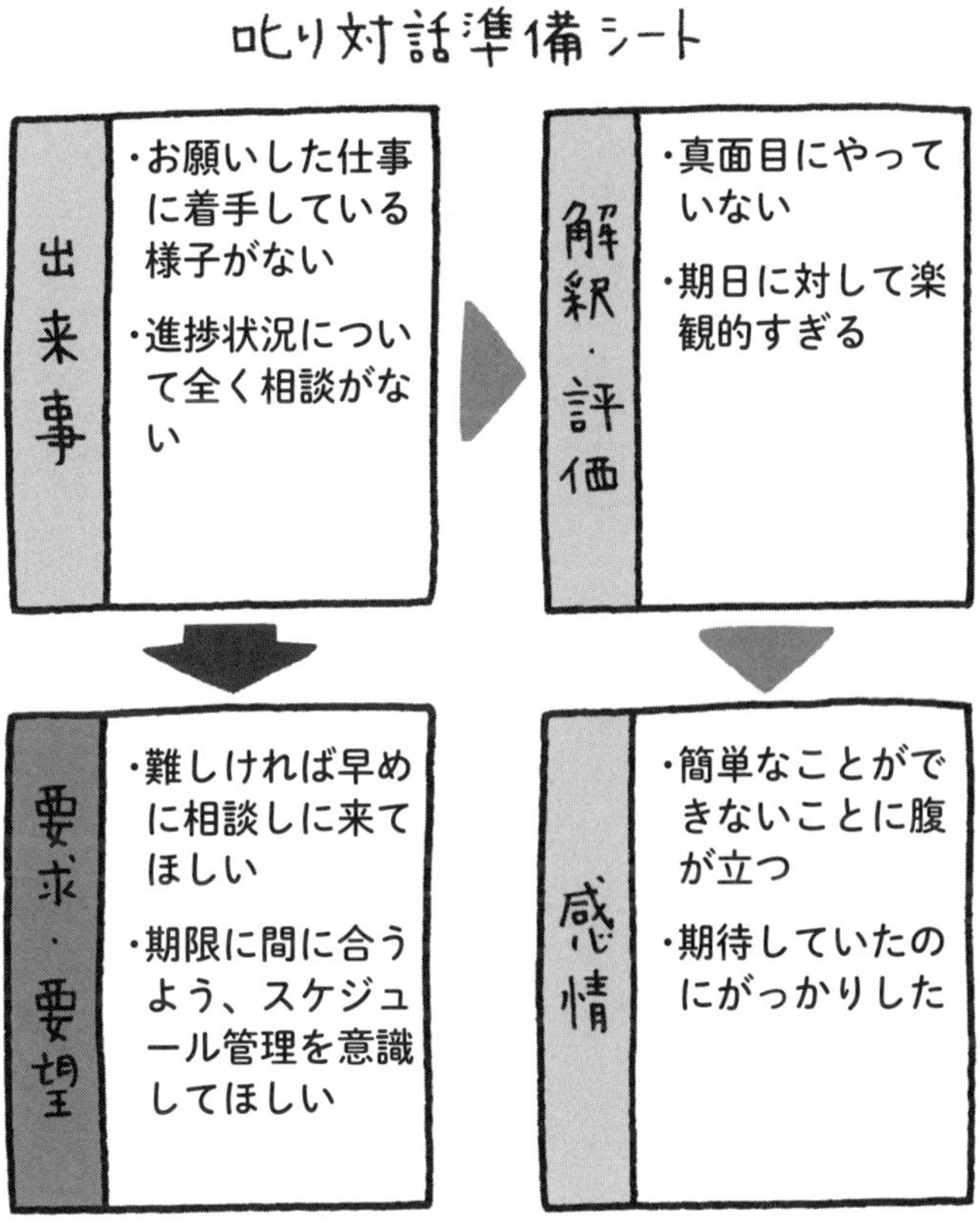

任せた仕事を進行していない部下の例

釈・評価、感情）」を一緒くたにして出来事を把握していることが多いので、これらをきちんと区別します。

「解釈・評価」を伝えるなということではありません。効果的に伝えればいいのです。

「感情」もすべて閉じ込める必要はありません。怒りの感情を伝えるときは、いつもよりも静かな声で、

「今回はさすがに腹が立ったよ」

「そのときは頭にきた」

「本当にがっかりしたよ」

などと言えば、相手はその事実を重く受け止めます。怒りや失望の感情を伝えることは、相手に自分の言動の影響の大きさを自覚してもらう効果があるのです。

ただし「感情を感情的に伝える」のは禁物です。怒りの感情自体は鎮めておいて、腹を立てていない状態で伝えなければなりません。

それでもカッときて、思わずその場で怒鳴ってしまうこともあるかもしれません。そんな場合でも挽回可能です。半日から一日おいて、改めて叱る場を設けましょう。

「さっきは（昨日は）怒鳴ってしまって悪かったね。もう一度きちんと話をしたいんだけど、いいかな？」と言えばリセット可能です。私はこれを**「2段階叱り」**と呼んでいます。

日本アンガーマネジメント協会が提唱する、怒りをコントロールする手法であるアンガーマネジメントでは、**「怒りを感じたら6秒待て」**といいます。激しい怒りは6秒ほど待てばたいてい収まるからです。ということはその場で叱らず、場を改めて叱るようにするだけで、すでに怒りは収まっているということになります。

腹を立てていた自分と、それを伝える自分を切り離し、怒りを感じていた自分を思い出すように、「期待していたのに残念だったよ」というふうに伝えるといいでしょう。

特に、「今回は腹が立ったよ」「そのときは怒っていたよ」というように、「時」を限定すると上手に気持ちを伝えられます。「今回は」「そのときは」ということは、裏返せば「いまはもう怒っていない」ということだからです。

もう一つ注意するなら、感情を伝えるのはかまわないのですが、**感情を伝えているとだんだんそのときの気持ちが再燃してしまう「自己炎上型」の人**。このような人はコミュニケーション心理学の協会であるＮＬＰの提唱する、「視点を変える」という方法を試してみてください。

話をしている自分たち二人を、幽体離脱した自分が天井のあたりから見ていると想像します。そして外から自分を観察します。ＮＬＰでは自分の中から自分を見ることを「アソシエイト」といい、外から見ることを「デソシエイト」といいます。

部下と話していて怒りがこみあげてきそうになったら、自分をデソシエイトして見てみる。ドローンから自分を見下ろすつもりになってみたり、あるいは10階建てのビルから自分を見下ろしていると想像してみる。すると「なんか俺、カッカ来ているな……」と感情的になっている自分を客観視できるようになるでしょう。

内面的なことは絶対に叱らない

すでに説明したように、客観的事実と主観的事実を分けたり、客観的事実をＹｏｕメッセージで、自分の解釈・評価、感情をＩメッセージで伝えたりするのは、どちらかというと論理的な伝え方です。論理的に説明すれば、叱られた人は自分のどこがいけなかったのか、理屈のうえでは納得できるでしょう。

ところが、それを本当に心から受け入れるかというと、そうではありません。

もちろん理不尽に叱られたり頭ごなしに怒鳴られたりするよりはマシですが、心の奥底では納得できていないものです。したがって論理的なアプローチだけでなく、心理的なアプローチも同時に必要になってきます。

そこで知っておきたいのが、人間には内面と外面があるということです。

内面とは人の心の内側のことで、自己認識（アイデンティティ）、人格、考え方、「大切にしていること」つまり価値観、「物事はこうあるべきだ」と思っている信念などを指します。ということは、上司から、「おまえのものの考え方はおかしいから、そこを変えろ」と言われたりするのは、内面への攻撃に他ならないのです。人間は自分の内側に攻撃を受けると、自己を保つためにバリアを張ってしまいます。聞く耳を持たず、何を言われてもはねつけてしまうのです。

したがって、叱るときは相手の内面に触れてはいけません。こちらが本人の内面に問題があると思っていても、それを指摘してはいけないのです。むしろどちらかというと、内面は認めてあげることが重要です。

叱ってよいのは行動や、やったことの結果、態度といった外面だけです。是正してもらうのも外面だけです。上司としては内面を直してほしいと思うでしょうが、外面さえ直っていれば、外から見えない内面はどうなっていようとかまわないわけです。それに、とりあえず外面だけを叱る叱り方を続けていれば、不思議なことに、いずれ

内面は
支持・肯定
してあげる
内面
(人格)
外面
叱る
(指摘する)
のは外面

は内面にも自然と変化が訪れます。

内面については一切叱らないのですから、「ウソつき」「役立たず」「能ナシ」など、相手の人格を否定するようなことを言うのはもちろん論外です。もしかしたら本当にそうである可能性があるとしても、それを口にしてはいけません。叱るときはあくまでも目に見える外面だけを叱ってください。

本人の人格から離れたところを叱ることによって、本人も指摘を受け入れやすくなります。相手の自尊心に踏み込まず、人格を否定しないこと。むしろ相手の人格は支持、肯定します。

たとえば「時間なんて守らなくていいと思っていて、遅刻ばかりする人」がいたとします。この人は明らかに内面に問題がありますが、この人を叱るときも、「時間にルーズ」な内面を叱ることはしません。むしろ上司は相手の内面を尊重して、支持・肯定します。

しかしそうは言っても「時間を守らなくていい」という価値観はさすがに認められ

ないので、あえてそこには触れません。その代わり、他の内面のよさを褒めます。

「あなたはみんなのために率先して新しいことをやってくれるよね。あなたの存在は、うちのみんなを元気づけてくれているのよ」

というように、その人の内面の中でも認められる点を指摘します。是正してほしい内面があったとしても、それはひとまず脇へおいて、他のところを褒めるのです。そして客観的な事実を指摘します。

「ところで、先週も今週も、寝坊して会議に遅れて来たよね」

ほんとうは内面に問題があるとしても、ここでそれを指摘したところで、反発されるだけです。まずは他のよくやっているところを認めつつ、遅刻したという行動だけを叱ります。その結果、本人がみずから考えて、

「ああ、そうか。やはり時間を守らないと悪いかな」

と反省して、行動を改めることを目指します。

「この上司は自分のことを認めてくれている。自分の味方なんだ。この人の言うことなら聞いてもいいかな」と思えれば、内面を守ろうとするバリアが緩み、自分で自分

の内面を変えようとするからです。

したがって、「遅刻はよくないけれど、他のこういうところはすばらしいよね」とか、「いつもこれをやってくれているあなたに、みんな感謝しているのよ」など、内面を認めることが重要になってくるのです。

あるいは自己認識に訴えかけるのも、内面を変える一つの方法です。

「あなたね、そうは言っても今年から係長になったんだし、若い社員もいるんだから、みんなの見本になってもらいたいな」

「私と一緒にこの職場を盛り立てていってもらいたい。きみにはそれができると思う」

というように自己認識へ働きかけることも、本人が自分から変わろうとするきっかけになります。

内面を認めるには日頃の観察が必要

さて、ここで一つ問題が出てくるかもしれません。それは、叱ろうとする相手の内面を褒めるのは非常に難しいということです。「いいところなんてない」と思うかもしれませんが、探せば必ず見つかります。ただし、普段からその人のことをよく見ておかなければ不可能でしょう。

「職場のムードメーカーだしな、きみは」

「あなたがいろんな人の仕事をカバーしてくれているのは、ちゃんとわかっているわ」

「何と言ってもきみの細やかな気遣いがあるから、他の者もついてくるんだ」

というように、「あなたはこの職場にとって大切な人ですよ」ということを伝えると、相手に影響を及ぼす力が強くなります。

内面のよさを伝えるときは、ＩメッセージかＹｏｕメッセージかは気にせず、「きみは〜〜だね」と一方的に断言してもかまいません。どんなふうに言われても相手はうれしいからです。仮に自覚がない点を褒められたとしても、「ああ、そういうふうに見えているんだ」と思います。

相手の内面を褒めるのは、機嫌をとるためではありません。「私はあなたの味方だよ」と伝えるためです。そのために、その人の内面の汲んであげたいところを探し、それに対する自分のプラスの評価を伝えます。

叱るべき点は叱るけれども、その人の内面を支持・肯定・受容・承認するのが基本的なスタンスとなります。

その人の内面のいいところを伝えるのも、案外難しいものです。昨日までは仏頂面ばかりしていた上司が、「きみは思いやりがあるね」などと言い出しても、説得力がありません。「部長、どうかしちゃったんじゃないの」と気味悪がられるのが関の山です。

ところでうまく伝えるためには、「対話の流れ」を組み立てること。そして「対話のスキル」が必要です。

「対話の流れ」はのちほど説明する【叱りシナリオ】を参考にしてもらうとして、まずは「対話のスキル」について説明しましょう。

対話のスキルで重要なのは、主に「傾《けい》聴《ちょう》」と「質問」です。

「傾聴」という言葉は近年よく耳にするようになりましたが、ただ「聞く」のではなく、「聴」という漢字に「耳」「目（ただし横向きですが）」「心」が含まれているように、耳だけでなく、目と心でも相手の話を理解しようと努めることです。一言で傾聴といっても、次のように、いくつかのポイントが複合的に重なったスキルです。

傾聴 1 言葉と態度を一致させる

傾聴するときは、言葉と態度が一致するように注意してください。これは専門的にいえば、言語メッセージと非言語メッセージを一致させるということです。言語メッセージというのは文字どおり、言葉そのものの内容です。非言語メッセージは声のトーンや表情や姿勢や仕草などを指します。実は、これらが噛み合っていないことがよくあるのです。

たとえば、部下が作った書類を受け取って、「ほう、この報告書はよくできたな。客先からのコメント欄がいいね」などと上司が褒めたとしましょう。

このような褒め言葉を、上司がその書類を見ながら、あるいは部下と目線を合わせて笑顔で言うのであれば自然です。

そうではなく、パソコンの画面を見ながら言ったり、眉間《みけん》にしわを寄せて険しい表情で言ったりすると、言語メッセージと非言語メッセージが一致しないため、不自然な印象になります。褒められた相手も、「何を言っているんだ」と思って信じてくれないでしょう。言語メッセージと非言語メッセージが一致しない状態で相手を褒めるのは、そらぞらしくなるため、かえって逆効果です。

自分が話すのではなく、部下の話を聞くときもそうです。このあとに出てくるあいづちを打つことや、共感を示す中でも言葉と態度を一致させてください。

傾聴

2

あいづちを工夫する

次に大切なのは、傾聴していることが相手に伝わるよう「あいづち」を打つことです。

「うんうん」と首を縦に振る「うなずき」は傾聴の基本ですが、それだけでなく「そうですか」「はい、わかりました」「なるほど」など、あいづちを打つようにすると、「この人はちゃんと話を聞いてくれている」と思ってもらえます。

またあいづちの一種として、相手に「もっと話を聞かせてください」と伝える「うながし」も取り入れるといいでしょう。

「へえ、それでどうなったの？」

「それでそれで？」

と促されると、もっと話したくなるものです。

「今日は飛行機で来たんですけどね」

と言う相手には、

「あっ、飛行機で来られたんですか」

というように、相手の言葉をそのまま繰り返す「オウム返し」も、相手に「聞いてもらっている」という満足感を与えます。「私はジャズが好きなんです」と言われたら、「ジャズですか、いいですね」というように、言葉の一部を繰り返すのも自然な印象です。

傾聴 3 同感できなくても共感をすればいい

傾聴の基本は、相手の発言を受け入れることです。しかしこれは、「相手の言うことにすべて同意する」という意味ではありません。完全に「同感」はできなくても、「共感」をすればいいのです。

たとえば自分が寒いと思っているときに、誰かが「今日は暑いですね」と言ったとしましょう。そう言ったのが私の妻だったら、私は、「いや、今日は寒いだろう。なんで暑いの」と遠慮なく言うと思います。

しかし、妻が暑いと感じていることは確かなのです。それなら「僕も暑いよ」と、同感はできずとも、共感をすればいい。共感とは相手の思いを認めることです。「ああ、暑いんだね」とか、「そうか、暑いんだ」と共感したあとで、「僕はちょっと寒いと思っているんだけど、どうかしたの？」と言えばいいのです。つまり「少なくともあなたが暑いということは理解しました」と示すのが共感です。これは傾聴の基礎です。

ここで「なんで暑いわけ？」「温度計を見なよ。寒いに決まってる」と否定ばかりしていると、対立モードになってきます。同感できなくても、共感することを心がけてください。

質問で部下の気持ちを引き出す

対話力を高めるもう一つのスキルが「質問」です。一般的に言えば、自分が答えを知りたいときにするのが質問ですが、質問の効果はそれだけではありません。「質問の内容に意識を向けさせる」という効果もあります。

たとえば誰かと話しているとき、「この部屋は蛍光灯がいくつありますか?」と聞くと、相手は「知りません」とは答えず、絶対に天井を見上げて蛍光灯の本数を数え始めるでしょう。

「質問は隠れた命令である」とも言われています。つまり「蛍光灯が何本あるか、数えなさい」と命令しなくても、質問するだけで人を動かすことができるということです。

それだけでなく、相手に「自分のすべきことに気づいてもらうための質問」というものもあります。


わかりやすい例で言うと、3歳の子どもが庭で遊んでいて、母親に「おやつよ」と呼ばれてそのまま手づかみでお菓子を食べようとしたとします。こんなとき、

「○○ちゃん、お菓子を食べる前に何するんだった？」

と聞くと子どもは「あ、手を洗うんだった」と気づきます。次からは何も言われなくても自分から手を洗うようになるかもしれません。こんなふうに相手に気づいてもらうためにも、質問は有効なのです。


うまく質問すると、相手が話にのってきて会話が弾みます。そのとき大事なのが、「返事を待つ」ことです。

「きみは、どうしたらいいと思う？」

と尋ねても、すぐに答えが返ってくるとは限りません。ほんの2～3秒だとしても、待つほうにとっては長く感じられるものです。

沈黙に耐え切れず、「これは、こういうことだろう」と上司が答えを言ってしまうこともよくあると思います。

しかし、ここで待つことが重要なのです。なぜなら相手が質問にすぐ答えないのは、考えようとしているからです。

なかには考えているふりをしているだけで、何も考えていない人もいるかもしれませんが、ほとんどの人間は何か問いかけられると考えずにはいられないものです。黙っているということは、ちゃんと考えているということですから、ここで本人にじっくりと考えさせないと、せっかく叱った効果が半減してしまいます。

とはいえ、ここで双方が押し黙っていると気まずくなってしまうので、「いいよ、ゆっくり考えてごらん」と一言添えましょう。1分ぐらいすれば、相手も何か言うはずです。

○相手の言葉を要約する

　ある程度対話が進み、質問によって相手の事情や考えを引き出したら、「あなたは会議があることを忘れたわけではなかったけれど、会議の直前にお客さまから緊急の電話がかかってきたということね」などと、相手の言葉を短くまとめます。要約することで相手は思考が整理できるし、「自分の話は上司にこういうふうに理解されたんだな」と確認できます。

　このとき注意したいのは、自分の解釈や評価を付け加えないことです。

「つまりお客さまの要望なら、どんなことでも絶対優先するということよね」

というように、相手が言っていないことまで先回りして、結論を言ってしまわないように気をつけてください。

要約とは、相手の話が5文ぐらいだとしたら、それを1文にまとめるだけのことです。自分の解釈を交えてしまっては、要約とは言えません。

相手が口を開くのを辛抱強く待ったり、自分の考えをはさまずに要約したりする「傾聴」はすぐにできるわけではありませんが、少しずつ目指していっていただきたいと思います。

対話的な叱り方をするにあたり、相手の話をよく聞くことは、どんなときであれ、どんな内容であれ、推奨できることだと言えます。ただし聞くということに一つだけ欠点があるとすれば、時間がかかることです。しかしそのことさえ別にすれば、相手の話を聞くことで状況が悪くなることは一切ないと断言できます。したがって、時間の許す限りできるだけ相手の話をよく聞くようにしてください。

叱るということは、言い換えれば、それまで相手の中になかった新しい考えを受け入れてもらうということです。しかし相手の心の中は、すでに自分の考えで満たされています。コップの中に水が満杯に入っているようなものです。その水を一度、すべて空けてコップを空にしないと、新しい水が入りません。

叱るときは、相手の考えや気持ちを全部聞いて、心のコップを空にしてからにする

ですから**叱るときは相手に話したいことをすべて話させて、コップを空にする**必要があります。中途半端でなく、徹底的に話を聞き切ることが重要です。

叱られそうになると、言い訳を始める人もいるでしょう。しかしそれはコップを空にするために、絶対に欠かせないステップなのです。それなのに、「言い訳をするな。おまえはこうだろう」と決めつけてしまっては、相手の心の中は反発心でいっぱいになり、何を言っても耳に入らなくなってしまいます。

したがって相手が弁明を始めたら、心の中で、「それは関係ないんじゃないかな」「よくもまあ、そこまで自分に都合よく解釈できるものだな」などと思ったとしても、傾聴を続けます。相手が言いたいことをすべて言ったら、

「ああ、そうだったのか。そんな事情があったのか。なるほどな」

とあいづちを打ち、相手の話を理解したことを示します。ここの反応がつい抜けがちになるので、忘れないようにしてください。そしてそのあとで改めて、

「それはそうだけれど、やはりその行動はよくないよね」

という話をすればいいのです。そこまで聞いてもらったら、もう相手の心のコップもあらかた空になっているので、ようやく上司の言葉が素直に耳に入るようになっています。

私たちは普段の会話では、自分が話したあとは相手が話す、というように交互に話しています。しかし本当に相手の話をよく聞いているかというと、はなはだ疑問です。相手の話をろくに聞かず、相手が話しているあいだ、次に自分が話すことを考えている場合が実はとても多いのです。

そうならないように、まずは相手の話をしっかり聞くことです。そして相手の言葉をきちんと受け止めること。そして「受け止めたよ」ということを相手にしっかり伝えます。それができてから、自分が話す準備をします。自分だけが一方的に話す状況にならないように注意してください。

叱り方には「型」がある

私がお勧めする叱り方には、ある程度決まった「型」があります。これを私は【叱りシナリオ】と呼んでいます。

このシナリオに沿って会話を進めていけば、「叱る」というより「対話する」「話し合う」という形になります。自分なりに応用してもかまいませんが、はじめのうちはできるだけこの型に沿って話すようにしてください。

叱るときに大事なのは、「褒め―叱り―褒め」というように、叱るだけでなく、その前後で相手を褒めることです。いわば褒め言葉と褒め言葉で叱る言葉をサンドイッチのようにはさんで叱ります。この叱り方なら相手の自尊心を傷つけることなく、それでいてしっかりと叱ることができます。

もっとも褒めるといっても、わざとらしく褒めちぎるわけではありません。

「このあいだのイベントではお客さまの誘導係を務めてくれてありがとう。ご苦労様でした」

と相手をねぎらったり、

「きみは毎朝、誰よりも早く出勤しているよね」

と認めたり、

「いつも頑張ってくれてありがとう」

と感謝を伝えたりすることも、「褒める」に含まれます。

基本的な【叱りシナリオ】の流れを説明しましょう。

叱りシナリオ

事前ステップ　準備と場づくり「いつもありがとう」

ステップ1　客観的事実を提示する「こんなことがあったよね」

ステップ2　要求・要望を伝える「私はこう思うよ」

ステップ3　相手の考えを聞く「きみはどう思う？」

ステップ4　解決策を考えさせる「これからはどうしよう？」

ステップ5　支援する「私にできることはある？」
事後ステップ　お礼と励まし「今日はありがとう。頑張って」

まずは**事前ステップ**の「準備と場づくり」です。最初に自分の中で叱る目的を確認します。そして叱るときは、

「いつもありがとう。いつもきみがみんなを引っ張っていってくれるので、助かっているよ」

と、相手に感謝する言葉や、日頃の活躍を認める言葉で口火を切ります。ここで相手の心をほぐすような一言が必要なので、「ありがとうね」とか、「助かるよ」というような相手を褒める言葉とその根拠を、何かしら見つけておいてください。

次に、客観的事実を提示する**ステップ1**です。「ところで昨日、こういうことがあったよね」と切り出します。たとえば「きみは先週の会議に遅れて、昨日の会議にも遅れてきたよね」と事実を述べます。ここでしっかりと、客観的な事実を指摘することが重要です。

次に**ステップ2**で改善・是正の要求を伝えます。「**私は**こうしてほしいと思っています」というように、「私」を主語にしたIメッセージで伝えてください。

「会議はみんなの時間を使ってやることだから、きみ一人が遅れることによって始まりが遅れることもあるよね。仮に先に始めたとしても、きみが抜けていたことによって、また振り出しに戻らなければならないこともある。これは他の人の時間を奪うことになるよね（客観的事実）。それを防ぐためにも、予定開始時刻に会議が始められるよう、時間までに会議室に来ておくこと。それがビジネスパーソンとしてのマナーだし、ルールだと**私は思うんだよね**（Iメッセージ）」

改善・是正の要求を伝えたら、再び相手の内面を肯定します。相手の積極的に支持したい点や、褒めるとまではいかなくても、汲んであげたい、認めてあげたい点を指摘するのです。これが**「汲みポイント」**です。汲みポイントは、叱ることと直接関連していなくてもかまいません。

「そうは言っても、きみは普段からこういうことをみんなにやってくれているよね。そこを私はすごく買っているんだ。ビジネスパーソンとしても、**そこはとてもすばらしいと思う。でも**会議に2週続けて遅れてきたのが残念だ」

というように、汲みとるべきところは汲みとりつつ、あくまでも行動や言葉など相手の外面に現れた部分だけを叱ります。いざ叱ろうとしたとき、その人のいいところもすぐ思い出せるように、普段からいいところを探してはノートにメモしたりして、部下を見る目を磨く必要があります。「この汲みポイント」があることにより、相手に対して敵ではない、味方なのだと思ってもらい、その結果、相手の心理的バリアを緩め、聞く耳を持ってもらうのです。

そして**ステップ3**で相手に話させます。

「私はこう思うんだけれど、きみはどう思う？」

するど、

「はあ、先週は外回りがあって、お客さんの都合で会社に戻るのが遅れたんです。昨日は、今日の朝出さないといけない資料があって、それを直前までつくっていまして、それに夢中になって会議に遅れてしまいました」

というような事情説明が出てくるでしょう。

ここで大事なのは、相手に最後の一言までとことん吐き出させることです。つまり相手のコップの水を空にするのです。「資料づくりなんか、前の日にすませておくべきだろう」などと口をはさみたくなっても、それを指摘するのは後回しにして、とりあえずは相手の釈明をすべて聞きましょう。

話をすべて聞き終わったら、

「ああ、そういう理由だったんだね」

と相手の話を理解したことを示し、ステップ4に移ります。

ステップ４では、今後の対策を相手に考えてもらいます。

「理由はわかったけれど、やはり会議に遅れると他の人にも影響するしな。やはり時間厳守のルールを尊重してほしいんだ。そのためには、これからどうしようか」とか、

「わかった。そんなこともあるよね。これからも、同じようなことがあるかもしれないね。しかし会議は大切だし、きちんと来てほしいな。そのためにはどうしようか」

と相手に尋ねます。今後の対策は必ず相手に決めさせることが重要です。

「こうしなさい」とこちらが解決策を与えては、自発的にそれを守ろうという気にならないからです。

「どうしようか」と尋ねれば相手は考えます。黙り込むかもしれません。それでも上司が答えを言ってはいけないのは、すでに述べたとおりです。

「私にもいろいろ工夫できることがあるかもしれないけれど、きみ自身にも考えてもらいたいし、きみに工夫してもらいたいこともある。きみとしてはどう思う？　ゆっくり考えてみて」

と言って考えを促します。相手が、

「はい、じゃあ、会議のある日の午前中は、お客さんの訪問予定は2件にしておきます」

などと具体案を言ってきたら、そこでまた耳を傾け、適宜アドバイスをします。

「ああ、そうか。そうするのか。しかし、それだと週間訪問件数30件っていうきみの目標は大丈夫なのか？　余裕を持たせすぎのようにも思えるけど」

「うーん、そうですね……。じゃあ、スムーズにいきそうなお客さんを選んでおいて、その日の午前中に固めて4件にしておきます」

「うん、それがいいかもしれないな。できそうかな？」

と調整をして対策を決めます。

最後に**ステップ5**の「支援」です。「何か私にできることはある？」と聞いてください。これは上司として要望を伝えたときは、必ずワンセットとして言うべきことです。

「私にできることがないか」と聞くと、相手は何か要望を言ってくるかもしれません。

たとえば、「絶対に遅刻できない重要な会議のときは前もって教えてほしい」とか、「会議の予定を急に入れないでほしい」など。その要求がもっともなものであれば受け入れればいいですし、そうでない場合はまた話し合うことになります。

最後に、**事後ステップ**として、もう一度相手の内面を褒める言葉や認める言葉でサンドイッチをします。

「きみは本当によくやってくれているし、私も頼りにしているので、ぜひ引き続き頑張ってほしい。信頼しているので、きみと一緒に課を盛り立てていきたい。よろしく頼むよ」

など言って終わります。

ここまでの全ステップを踏んでも、それほど時間はかかりません。およそ30分くらい、順調にいけば5～10分で終わります。

「叱らずに叱る」と部下との関係が深まる

このように対話を重ねつつ叱ると、自分でも「叱っている」という感じがあまりしませんし、相手も「叱られている」というストレスをあまり受けません。この方法を私は「叱らずに叱る」と言っています。

この叱り方をすると相手と対話をすることになるので、部下は「上司に理解されている」「見守られている」「期待されている」という気持ちになり、叱られてもかえって部下と上司の信頼関係が深まります。

この【叱りシナリオ】を意識せずに叱ると、ほとんどの人はステップ3（相手の考えを聞く）と、ステップ4（解決策を考えさせる）が抜けてしまいます。自分が言いたいことを言うだけで終わってしまうのです。

私たちは叱るとき、「言い訳など聞きたくない」と思ってしまいますが、せっかく叱るのならば、どんなに自分勝手で稚拙な言い訳であっても、相手の言い分に耳を傾けることです。言いたいことをすべて言わせれば、相手の心の中のコップは空になります。それだけでもずいぶん叱る効果は上がるはずです。折に触れてこういう対話をしていると信頼関係が構築されてきて、部下との関係が非常によくなります。

叱るという行為は非常にデリケートな行為です。いつでもどこでもすぐできるというわけにはいきません。たとえば朝出社するなり、「ちょっと来い」と呼び出されて叱られたとしたら、相手はその日一日、叱られたことを引きずってしまうでしょう。よほどの緊急時はやむを得ませんが、そうでないなら朝一番に叱るのはやめておいたほうがよさそうです。

叱るのは昼過ぎ、あるいは夕方が適していると思います。叱るほうにしてみても、そのあと重要な仕事が控えていると、気が散って叱ることに集中できません。昼過ぎや夕方など、その日にやるべきことをある程度すませたあとなら、叱ることに集中できるでしょう。

叱るときは手ぶらではいけません。ぜひ、メモと筆記用具を持っていってください。ステップ1（客観的事実の提示）で「こんなことがあったよね」という話をするときは、メモを見ながら話したほうが説得力がありますし、ステップ4で今後の対策を聞くときなどは、ただ耳で聞くだけでなく、相手の話や、話し合いで決まったことをメモに記録することが重要です。

それだけでなく、部下と上司の間に物理的に紙を置くことで、なんとなく緩衝材のようになり、「直接対決」という緊迫した雰囲気にならずにすみます。問題を書き出して二人のあいだに置き、メモを介して話すと、相手に問題があるというよりは、「二人でこの問題を解決していこう」というムードになります。椅子の位置は対面よりも、90度のほうが緊張が和らぎます。

叱る内容は他の人に聞かれないようにします。会議室を確保するなどして、他に誰もいない二人きりの場所で叱らなければいけないことは、言うまでもありません。

もうおわかりのように対話型で叱るには、叱る言葉と同じくらい、いやそれ以上に褒める言葉が必要です。

しかし褒めることは、普段から部下を観察して長所に気づいていないとできません。これは努力のいることです。なぜなら私たちは、自分では何でもよく見ているつもりでいますが、意外と正確にものを見ていないからです。これは人物を評価するときも同じで、人間にはその人の長所ではなく短所に注意が向くという習性があるのです。

私は子育てをしているとき、子どもの足りないところにばかり目が行きました。すばらしいところもあるのに、そこはほとんど見えなかったのです。改善の必要のない長所は、見ようと努力しない限り、見えてこないということです。

空腹でさまよっているときは、欠けたドーナツであっても、ドーナツそのものに目が向きます。しかし満腹のときは、欠けた部分にしか目が向かないものです。それと同じで、部下の長所を探すには、意識して努力する必要があるのです。

よく「うちの社員は褒めるところなどない」と嘆く経営者や上司がいますが、それはドーナツの欠けたところばかり見ているようなものです。褒めるところは、頑張って探さないと出てきません。しかしいいところを見つけようとすれば、絶対に見つかります。

小学生が指で「イイトコメガネ」をつくって目にあて、「まわりの人たちのいいところを探そう」というＡＣジャパンの広告がありましたが、私たちも一緒に働く人を見るときは、「イイトコメガネ」をかけなければいけないのです。

第3章

やってはいけない叱り方

ダメな上司の11の叱り方

この章では、してはいけない叱り方について説明します。次のような叱り方をしていないかどうか、振り返ってみてください。このような叱り方はすべて百害あって一利なしです。

1　人前で叱る

人前で叱ると、その人のプライドを深く傷つけます。叱るなら1対1で、他の人には聞かれないところで叱るのが基本です。

2　決めつける

「おまえ、たるんどるな」「あなたはいつも怠けてばかり」「会議を軽視してるだろう」

というように、相手の内面を決めつける言い方です。

3　言い訳を封じる

相手が弁解を始めたら「言い訳するつもり？」などと言ってそれを許さない人がいますが、それでは相手の心の中が反感でいっぱいになってしまいます。そんな状態では何を言っても相手の耳に届きません。

4　他の人と比較する

「同じ課の◯◯を見てみろ。お前より後輩だが、成績がいいというのはどういうことだ」

「◯◯さんはあなたより年下なのに、すごく頑張っているのよ。こんなに引き離されて悔しくないの」

「少しは○○さんを見習ったらどう?」

他の人と比べられて、うれしい人はいません。他人と比べる「相対評価」ではなく、「絶対評価」で叱るようにしてください。

5 脅迫する

「今度同じことをやったら、ボーナスを減らすからな」

「いまのままじゃ、査定が下がると思ってちょうだい」

「いま、リストラ候補のリストをつくってるんだよ。知ってる?」

このような言い方は相手の反感を招きます。パワハラで訴えられる可能性もあります。

6 蒸し返す

「おまえ、先月も提出が遅れたよな。そういえば、先月はこんなことがあったよね。それに先々月はあんなミスもあったよね」

と過去の出来事を蒸し返して叱ると、しつこくなりすぎます。相手の記憶にも残りません。叱る対象は、一回につき一つに絞りましょう。もし複数のことを叱るなら、場を分けたほうがいいでしょう。

7 大きな声を出す、乱暴な言葉遣いをする

このような叱り方をするのは、おそらく上司の側に二つの原因があります。

一つは自分のストレス発散のために、怒りの感情を表現したがっているということ。もう一つは、かつての私のように、強く言ったほうが相手が従うと思っているということです。

強い言葉で相手を追い詰めれば、そのときは表面的に従うかもしれません。しかし間違いなく相手との信頼関係はズタズタになります。絶対にこのような叱り方はしないようにしてください。

8 あてつけ、皮肉を言う

「大企業から転職してきた人には、こんな仕事、つまらないだろうけど」
「（相手が失敗したあとで）本当に仕事ができるよね」

このような言い方は、相手の心に傷を負わせることになります。

9 茶化しながら叱る

人を叱ることの緊張感に耐え切れないのか、あるいはあまり深刻にならず軽く注意したいのか、「もう、このあいだも遅れたじゃん。頼むよ〜」というように、少しふざけながら叱る人がいます。私はこの叱り方はよくないと思います。中途半端ですし、自分では叱ったつもりかもしれませんが、相手に通じていないからです。

2章で「言語メッセージと非言語メッセージを一致させましょう」という話をしましたが、楽しい話をするときは、茶化したり、ふざけたりしてもいいのです。しかし本気で叱るのならば、「私は真面目にあなたに是正を求めているのですよ」という雰囲気を出さないといけません。真面目な態度で伝えなければ、相手も真面目に受け止めてくれないのは当然です。

もっとも叱る前段階の、日常の中で軽くジャブ的に注意する場合であれば、「また遅れたの？　ダメじゃん」というような軽い言い方でもかまいません。

あるいは軽く注意しただけで、すぐに「あっ、まずい」と反省し、行動を改めることができる相手であれば、このような言い方でも問題ありません。しかしそれで通じなければ、本腰を入れて叱ることになります。

この本で紹介している叱り方は「叱らずに叱る」対話的な叱り方ですから、それほど深刻な雰囲気にはならないでしょう。しかし、**それでも人を叱るということは、決して軽いことではありません。**とても毎日、毎週できることではなく、やはり数カ月に一度ぐらいしかできないことです。**そのときは真剣勝負**だという気持ちを、どこかに持っていてほしいと思います。

10　酒で誤魔化しながら叱る

「今日はあの人を叱らなければならないけれど、どうにも気が重い。居酒屋にでも誘って、酒の力を借りて叱ることにしよう」

こんなふうに考える人もいるかもしれません。

仮にお酒を飲んでも、この本に書いてあるような叱り方がきちんとできるのであればいいのですが、やはり基本はオフィスで勤務時間内に叱ることです。

もちろん、一緒に飲むことが功を奏する場面がないとは言いません。たとえば何か相談事をもちかけられたときなど、少しアルコールの力を借りることで相手の本音を聞ける場合もあります。しかし飲みながら叱るというのは、私の中ではそぐわない気がします。やはり真面目に、真摯《しんし》に相手と向き合うのでなければ、たとえ叱ったとしても効果は期待できません。

もっとも、素面《しらふ》で叱って、そのあとに「よし、じゃあ飲みに行こう」というのは、まったくかまいません。しかし最初から飲みながら話すのでは、「なんだ、この上司。飲みながらでしか厳しいことが言えないんだな」と逆になめられる可能性が出てきます。やはりアルコールの助けを借りずに、きちんと向き合う心構えが必要です。

11 人を介して間接的に叱る

明らかに叱るべきケースなのに、それに気づかないふりをして、叱ることから逃げる上司がいます。このような上司に見逃された部下は、内心「ラッキー」と思って舌を出しているかもしれません。しかし長い目で見れば、叱られないのはとても不幸なことです。

マザー・テレサは「愛の反対語は憎しみではなく無関心だ」と言いましたが（誰の言葉かについては諸説あるようですが）、叱る人は相手に関心があるからこそ叱るのです。叱るのは相手を成長させるためです。叱らないことは決して相手のためになりません。

また、明らかに叱るべき人がいるにもかかわらず、それが放置されていては、その職場全体の士気が下がってしまいます。他の真面目にやっている人たちが、「これじゃ自分たちがバカみたいだ」と思うからです。

それだけではありません。叱らない管理職は、部下たちから内心ではバカにされることになります。表面的には言うことを聞いても、「なんだ、うちのリーダーは叱れないんじゃないか」と見透かされてしまう。おそらくそのような職場は、荒れて沈んだムードになるでしょう。

まったく叱らないわけではないにせよ、叱り方が弱く、本人は叱っているつもりなのに、叱ったうちに入らないというケースもよく見受けられます。

私の知り合いの社長はよくこんなことを言っていました。

「私は叱るのが苦手なので、間接的に叱ることにしているんです」

「間接的に叱る」とはどういうことかというと、その社長は皮肉やあてつけを言うことで、叱ったつもりになっていたのです。あるいは他の社員に対して、「スズキくんにも困ったものだ」とその人についての愚痴をこぼします。そうすれば愚痴をこぼされた人が「このあいだ社長があなたのことをこう言っていたよ」とスズキさんに伝えてくれるだろう、というわけです。

私が「本人に直接言ったらどうですか」とその社長に言ったところ、「いや、私は本人に自分で気づいてほしいんだ」と言っていました。

しかしこのような叱り方は、もはや「叱る」とは言えず逆効果。他の社員たちにも

「自分も陰で社長に悪口を言われているかもしれない」という疑心暗鬼を生み、暗い会社になるばかりです。

あるいは「みんなの前で自分にとって叱りやすい人をどやしつけることで、全体をピリッとさせる」という人もいると聞きました。つまり「叱られ役」を決めておき、その人が雷を落とされることで、他の人にも「ひょっとして、自分も同じことをしていないだろうか」と反省させるのだそうです。言いやすい人を見せしめにする最悪なパターンです。

また別の社長は、月に一回の朝礼で、「この部署は成果が上がらない。こんなんじゃ給料やらないよ」などと言うそうです。いわば部署全体を叱っているわけです（たとえ冗談のつもりでも、こんな言い方が許されないことは言うまでもありません）。

スポーツチームの監督なら、このような1対多の叱り方もいいでしょうが、ビジネスにおいては一対一で叱るのが基本です。そうでなければ、叱られたほうも自分の言い分を言う機会がないし、行動を改めるにしても、何をどうしていいか漠然としてよくわからないからです。

ダメな上司は「お説教」になる

お説教というのはするほうは気持ちがいいですが、されるほうの立場になると、これほどイヤなものもありません。人を叱る立場にある人は、自分がお説教をしていないかどうか、常に注意すべきでしょう。

どうすればお説教にならずにすむかといえば、叱るときに相手の話を聞き、相手の気持ちを汲むことです。

おそらくお説教をする人は、内心では自分の存在を相手よりも一つ上の階層に置いているのではないでしょうか。上司である以上、それはある意味当たり前ですが、上司や部下というのは単に会社の中の役割にすぎません。上司だからといって人間的に上であるということではないのです。上からものを言うのではなく、同じ高さに立って話そうという意識が必要です。

　子どもを叱るときは、自分もしゃがんで子どもと視線の高さを合わせ、

「○○ちゃん、危ないから塀に登らないって約束したよね」

などと話しかけるでしょう。部下を叱るときの心構えもこれと同じです。

「上司だから言わなければいけないことはしっかり伝えるけれど、一緒に働く仲間として、きみのことをきちんと見ているよ。きみには成長してもらいたいから、それにはどうすればいいか一緒に見つけていこう」

　という心構えで話しかけること。そうすればお説教にならずにすむのではないでしょうか。

自分でもできていないことは素直に認める

たとえば私の妻が、トイレの電気を消し忘れたとき、私が「電気、つけっ放しだったよ」と指摘したとしましょう。

しかし、いつもは私のほうが消し忘れることが多いので、「あなたこそ、いつもつけっぱなしにしているじゃない」と言われるかもしれません。妻からすれば、「あなたには言われたくないわ」というところでしょうか。

上司になると、こんなふうに、**自分でも100パーセントはできていないことを人に注意しなければならないときがあります**。そんなときは「自分に人を叱る資格があるのだろうか？」とためらってしまうかもしれません。

私も昔は「上司はパーフェクトでなければいけない」と思い込んでいたので、自分のできないことについては叱ることができませんでした。しかし上司は、それでも言うべきことは言わなければならないのです。

このような場合は、

「私もできていないけれど、みんなでこれをやろうとしているんだから、きみもちゃんとやってね」

「自分も同じぐらい抜けているかもしれないけれど、直していかなければと思っているから、一緒にやろうよ」

と言うしかありません。自分もできていないことがあるのを、潔く認めてしまいましょう（とはいえ、部下よりも少しはできているということが前提ですが）。

「一緒に」という言い方ならば叱っている感じはまったくしないし、相手にも受け入れられやすいはずです。

○部下同士の揉め事をどう叱るか

部下同士の揉《も》め事や派閥争いなど、人間関係のもつれはどんな職場にもつきものですが、それが原因で業務にまで支障をきたすような場合は、そのトラブルを起こしている当事者たちを叱らなければなりません。これは、普通に叱るよりも難しいケースになります。上司がどちらかに肩入れをしたり、一方を非難したと受け止められると、余計にこじれる可能性があるからです。

実を言うと私にも、やや似たような経験があります。私が関係している会社の経営陣に犬猿の仲の兄弟がいて、いつも会議の場で揉めるのです。そうなると埒《らち》があかないので、私が仲裁するしかありません。そういうときのポイントは、

「客観的に見る」

「見える化する」

ということです。

会議で揉め始めたら、私は「いま、何が言いたかったんですか。こういうことですか」と双方の主張を聞きます。二人とも感情的な表現をしますが、それには耳を貸しません。

「ということは、こういうことですね」

と言って客観的な部分だけを取り出して要点をホワイトボードに書き、話を整理していくのです。すると事態を客観視できるので、お互いにクールダウンしていきます。

職場では他人同士がひとつところで長時間一緒に過ごすのですから、感情的なトラブルがあっても不思議ではありません。そんなときは上司が客観的な事実や意見だけをしっかり平等に聞いて、見える化するという方法が有効です。

ただし、会議のように第三者の前で言い争いをしているときならこのような対処法がとれますが、実際はあなたの知らないところで揉めている場合が圧倒的に多いと思います。したがって一方だけが「あの人は陰で私の悪口を言っているんです」と言い張るような場合は、まず証拠もないし、叱ることもできません。その場合は、彼らの様子を日頃からよく観察して対策を立てることになります。

とはいえ私は人間関係のいざこざは、よほどのことがなければ基本的に静観するべきだと思います。なぜならそれは、**当事者同士の話だからです。**

私が上司なら、周囲に悪影響を及ぼさない限り、観察はするものの、放っておきます。そしてそれが仕事に悪い影響を与えたときに初めて叱ります。そのとき適切に叱るためにも、日頃から観察をしておく必要があるでしょう。

「両者の連携が悪いために納期が3日遅れた」などという場合なら、両者の言い分をよく聞いて、そのようなことがないよう自制を要請します。

その場合、何を言っても否定する人や責任転嫁する人は、「すべて相手が悪い、こうなったのは何もかも相手のせいだ」と言うかもしれません。それを聞いて自分がどんな感想を持つかはさておいて、まずはその人の主張をしっかり聞いてあげます。

そのうえで相手を認めるところと、「ここは確かにそうだね」と自分が同意できる部分と、「ここはちょっと違うかな」という賛同しかねる部分を客観的に分けていきます。

「あなたはコンドウさんに書類作成を頼んだけれど、10日経ってもやってくれなかった。それが2回続いたということなんだね」

というように事情を整理したら、どちらの肩も持たずに、「事情はわかった」と言って、「また話そうね」というぐらいでその場は収めます。

社員同士の揉め事を仲裁するときにも重要なのは、客観的事実と主観的事実を分けることです。ある人が「コンドウは全然約束を守らない人です」と言ったとしても、それは客観的な事実ではありません。その人の知らないところでは約束を守っているかもしれないからです。ですから出来事だけに注目します。この場合の出来事とは、「ある人がコンドウさんに書類作成を頼み、コンドウさんもわかったと言ったのに、10日経ってもやってくれない」とか、「そういうことはこれが2回目だ」ということだけです。

その話をする中で、「だいたいコンドウさんはいつも文句ばかりで……」などという攻撃が出てきたとしても、どちらの肩も持たずにしっかり聞くことです。

叱りたい相手が直属の部下ではない場合

「他の部署の若い人が、目に余る行動をしている。自分は直属の上司ではないが、放っておいてもいいものだろうか」

「自分は数カ月先に入社しただけの先輩だが、自分よりあとから入ってきた社員に意見したら、人間関係が悪くなるだろうか」

　こんなふうに叱るべきか、それとも叱らないほうがいいのか、迷うケースもあると思います。職場に限らず、昔はよその家の子でもいたずらをしているところを見たら遠慮なく叱る大人が多かったものですが、近頃は「よその家庭のしつけに口を出さないほうがいい」という風潮が一般的になってきました。しかしその一方で、「子どもが悪いことをしたら悪いと教えてあげるのがいい」という人もいて、なかなか判断が難しいところでしょう。

まずはっきりさせておきたいのは、**「注意する」のと「叱る」のは違う**ことです。**「叱る」のは直属の上司など指導の責任者がすることですが、「注意」はそうでない人がしてもかまいません。**たとえばもし新卒で入ってきた若い社員が、お客さんとの電話で横柄な言葉遣いをしていたり、服装が乱れたりしていたら、それはその場で気づいた人がすぐに注意すべきです。

注意をしてもまったく改まらなければ本格的に叱ることになりますが、私ならその人の直属の上司に「こういうことがあってね」と事実だけを告げ、そのあとどうするかの判断はその上司に任せると思います。

「きみのところのカワカミ君、私と席が近くなので、よく電話が聞こえるんだ。一週間前に気になることがあったので、ちょっと注意したんだよね。でも全然改まっていないよ」

もしかしたらその上司はその出来事を知らないかもしれません。ですからその上司が歯がゆく思えても「おまえ、何やってんだ。もっとしっかり部下を見ておけ」とまでは言いません。しかしこう言われたら、その上司としては何か手を打つはずです。それなのにしばらくしてもその上司が何も行動を起こさないように見えたら、私ならその上司に対して次のように言うと思います。

私　「このあいだ、カワカミ君についての情報を伝えたよね。その後、何もやっていないみたいだけど」

彼の上司　「いや、ちょっと俺からは言えていないんだ。悪いね」

私　「でも、それってお客さんに対して悪いから、何とかしたほうがいいんじゃない」

ここまで言えば、注意したことの内容にもよりますが、これ以上口をはさむのは差し出がましいような気がします。

〝注意〟は誰でも直接していいが、〝叱る〟のは直属の上司から。これが基本です。

第4章

こんな部下にはこう叱る

相手のタイプによって叱り方を使い分ける

ここまで読んできた方はもうお気づきかもしれませんが、本書で紹介した叱り方は、いつでも誰にでも使える普遍的な原則です。

原理原則ですから、基本を覚えればどんなふうにでも応用できますが、実際は叱る相手には、さまざまなタイプがいることでしょう。相手がちょっとクセのあるタイプで、どうしていいか判断に迷うような場合は、ひと工夫する必要が出てきます。

そこでこの章では部下のタイプをA～Cの3グループに分けて、それぞれに重視すべきポイントを紹介します。原則としては本書の前半で述べた【叱りシナリオ】に沿って叱りますが、相手のタイプによって手厚くする部分が違うので、対応を使い分けるとさらに効果が上げられます。

Aグループ
自己防衛意識が強く、初めから聞く耳を持たないタイプ

Ａグループに分類されるのは、自分なりの考えやこだわりがあったり、自分を守る気持ちが強い人たちです。自己防衛意識があまりにも強いため、叱られる原因となった出来事を指摘されることすら拒否反応を示します。

すでに説明したとおり、私の叱り方では最初に「何月何日、こんなことがあったよね」と客観的な事実を提示します（ステップ1）。しかしＡグループは指摘された出来事自体を認めたがりません。こちらが言い終わる前に反論してきたり、キレたりします。

このようなタイプは「昔はこうだった」と過去の経験にこだわる年かさの人や、「私の仕事はこの範囲内だけで、それ以外は私の仕事ではありません」とはっきり線引きしている人に多い傾向があります。自分のやり方を曲げない頑固者と言えるで

しょう。

Aグループの人を叱るときは、【叱りシナリオ】のステップ1（客観的事実の提示）から、ステップ3（相手の考えを聞く）までを重視します。彼らは客観的事実を認めたがらないため、その部分を重点的に確認する必要があるからです。

ステップ2（要求・要望を伝える）では主に上司が話し、ステップ3で相手の考えを聞きますが、相手が反論してきて話がすんなりと進まない可能性もあります。そんなときは再びステップ1に戻ったり、ステップ2に戻ったりします。

Aグループの人には、相手のかたくなな態度を責めるのではなく、「あなたの言いたいことは何ですか」と聞いて、こちらから歩み寄る姿勢を見せることが大事です。

「あなたが何にこだわり、何に悩んでいるのか教えてください。そうすればあなたの要求と私の要求が両立するような方法を考えられるかもしれない」

「お互いがウィン・ウィンの関係になれるよう一緒に解決方法を考えましょう」

と提案するのがポイントです。

Aグループ向け　叱りシナリオ（ステップ1〜3を重点的に）

事前ステップ　準備と場づくり「いつもありがとう」

ステップ1　客観的事実を提示する「こんなことがあったよね」

ステップ2　要求・要望を伝える「私はこう思うよ」

ステップ3　相手の考えを聞く「きみはどう思う？」

ステップ4　解決策を考えさせる「これからはどうしよう？」

ステップ5
支援する「私にできることはある？」

事後ステップ
お礼と励まし「今日はありがとう。頑張って」

A グループ　a タイプ　反論してくる人、すぐにキレる人

反論してくる人、すぐにキレる人を、Aグループの中でもaタイプと呼びましょう。
このような人は、仕事はそこそこできますし、なかなか鋭いところも持っています。自分なりのこだわりがあるのも責任感の強さゆえだったりするので、そこを認めてあげましょう。

Aグループ　聞く耳を持たない

aタイプ・反論する、キレる

bタイプ・考えを曲げない

cタイプ・過去の経験にこだわる

dタイプ・範囲以外の仕事をやらない

反論されたら、「ああ、そうなんだね」「ああ、そうか。それは私が悪かったのか」などと繰り返して、向こうの主張をしっかり受け止めます。

部下「私はちゃんとサトウさんに伝言を頼んでおいたんです」
上司「そうか、ちゃんとサトウさんに伝言したんだね」

というように、相手の発したキーワードを繰り返すとaタイプは納得感を高めます。「そうか、きみはサトウさんに伝言していたのに、それが伝わっていなかったんだね」というように相手の話を要約したりと、傾聴のスキルを使いながら聞き込んでください。

こちらが相手の反論にしっかりと耳を傾けると、仮に向こうが感情に任せて言いすぎたとしても、「あっ、しまった」と自分から気づけることが多いようです。こちらがしっかり受け止めると相手の感情の暴走も止まるということです。

そこで「その件についてはあとで話そう」というように、こちらの叱りポイントと、相手の反論を分けて話すことを提案します。

たとえば相手が「サトウさんが悪い」「指示の仕方がわかりにくい」などといろいろ言い出したら、「ああ、そうか。私の言い方が悪いのか。うん、うん。そうなんだね」と認めてから、「でもいまはその点ではなく、どうすれば同じようなミスが防げるかを話したいんだ。それはあとでゆっくり聞くよ」と提案します。

Aグループ bタイプ 自分の考えを曲げない頑固者

職人気質《かたぎ》の頑固者で、自分の考えをなかなか曲げない人を、Aグループの中でもbタイプと呼びましょう。

このタイプは仕事にはこだわりがあり、完成度を上げるためなら労を厭《いと》わないところもあるので、その人なりに芯を通そうという態度を褒めます。しかし方法を改めてもらわなければいけないところは理由とともにその旨を伝え、その人がこだわっている点を詳細に聞き込みます。どうすれば彼（彼女）も納得できる形にするかを一緒に考えるのです。

上司「ヤマダさん、積算データは厳密に積み上げるべきなんですね」

部下「そうです」

上司「そこはやはり譲れない点ですよね。いちばん譲れないのはどういうところですか」

部下「ええ、見積もりの正確性です。価格が低すぎても高すぎても、結局お客さんに迷惑がかかります。きちっとやっておかないと、お客さんの満足度が下がります」

上司「なるほど、そこはわかりました。しかし、明日は約束した提出日なので、今日の午後には完了しておかないと困ると**私は**思います。それに実際には、案件が始まってからの不確定要因もあるので、いままでは必ずと言っていいほど再見積もりしています。とはいえ、ここはヤマダさんのこだわるところです。どうしたら間に合わせることができるでしょうね」

というような議論に持っていくと、建設的な話し合いができるでしょう。

Aグループ　Cタイプ　過去の経験にこだわる人

「昔はこうだった」と過去の経験にこだわるｃタイプの人は、勤続年数も長く、上司である自分よりも年上であることも多いので、その人を尊重した姿勢を見せることが欠かせません。

このようなタイプは、業績やノウハウはあるので、まずそこをしっかりと認めます。

「わからないことがあってもマツモトさんにすぐ教えてもらえるので、おかげでみんな大助かりです」

「マツモトさんがいつもみんなの仕事ぶりを見守ってくれているので、私も安心できます」

というように、本題に入る前に、その人がいつも職場に貢献してくれていることを感謝します。そのうえで、「私は今度からこういうふうにしたいと思っています」と新たな方法とその必要性を伝え、理解してもらいます。

方法は若干変わっても、相手が引き続き経験を活かしながら職場に貢献してくれることを望み、今後も職場の活性化に協力してもらえるように依頼します。

「マツモトさんのご経験はやはり貴重です。私はそこに自分の新しいやり方を加えたいので、ぜひいろいろアドバイスがほしいのです」

というように引き込むといいでしょう。

A グループ d タイプ 自分の仕事の範囲をかたくなに守る人

「私の仕事はここまでです」と自分で決めた仕事の守備範囲をかたくなに守り、仕事を増やしたがらないのがこのタイプです。このような人に、それ以外のことを頼むと拒否反応を示すことがあります。しかし本人がさまざまな経験を積むためにも、会社の方針変更に対応するためにも、同じ仕事ばかりさせておくわけにはいきません。

このような人に対しては、まずはその人が自分の守備範囲だと認めている仕事の完璧さを讃《たた》えます。

「ササキさんが顧客情報の入力を正確にやってくれるので、いつも助かっています」

などの言葉で、その範囲を安心して任せられていることに感謝します。

そのうえで、「あなたはできる人だからこそ、もっと仕事の幅を広げてもらいたい」と期待を伝え、それに対する相手の意見を聞き込みます。

おそらくこのような人は、「言われた仕事は完璧にやっているのだから、これ以上仕事を増やされたくない」と思っているはずです。理由は自分の能力に自信がないとか、個人的な趣味に費やす時間が減るのがいやだとか、人によってさまざまです。後ろめたさがあるときは理由をはっきり言わないかもしれませんが、一応軽く理由を聞きます。

ｄタイプを叱るときのスタンスは、一緒に「解」を求めていくことです。相手の悩みを解決し、それと同時にこちらの主張も受け入れてもらえる方法を一緒に考えようという態度で臨みましょう。

もちろん相手が派遣社員などで、本当に仕事の範囲がここからここまでとはっきりと決まっている場合は、それ以上を望むことは許されません。しかし本人がこれで十分だと思っている範囲が、契約時の取り決めを下回っているような場合もあるでしょう。そんなときは、

「ここまでやってくれているよね。ありがとう。しかし一応契約上はここまでやっていただくことになっています。もし理解が違っているのであれば改めてください。しかしあなたであれば、ここまで範囲を広げてもおそらくちゃんとできるでしょうね」

というように伝えれば、問題ありません。

B グループ
素直に聞くが、なかなか直らない人

Bグループは、指摘された出来事については否定せずに聞きますし、人によっては反省の色も見せるものの、行動改善につながらないタイプです。このようなタイプは【叱りシナリオ】のステップ3（相手の考えを聞く）とステップ4（解決策を考えさせる）の部分を特にしっかり話し込みます。

Bグループ向け

叱りシナリオ
（ステップ3〜4を重点的に）

事前ステップ
準備と場づくり「いつもありがとう」

ステップ1　客観的事実を提示する「こんなことがあったよね」
＜
ステップ2　要求・要望を伝える「私はこう思うよ」
＜
ステップ3　相手の考えを聞く「きみはどう思う？」
＜
ステップ4　解決策を考えさせる「これからはどうしよう？」
＜
ステップ5　支援する「私にできることはある？」
＜
事後ステップ　お礼と励まし「今日はありがとう。頑張って」

Bグループ　話は聞くが直らない

a タイプ・返事だけはいい

b タイプ・仕事を流すのがうまい

c タイプ・やる気がない古株

B グループ a タイプ

「ハイハイ」と調子がいい人

叱られる原因となった出来事をすぐに認めて謝り、反省した様子も見せるけれど、その後の改善につながらないタイプです。「ハイハイ」と調子がいい人だとも言えます。

このような人は、明るい性格の人や、柔軟性がある人に多いようです。悪意があって改善しないのではなく、自分が叱られたことを重く受け止めないために改善につながらないのかもしれません。

こちらが「このことについて、きみはどう思う?」と聞くと、「いやもう、私が悪いです」とか、「本当にすみません」などと謝って対話を早々に切り上げようとするかもしれませんが、それですませてはいけません。「それはどういうこと?」など質問をはさみながらしっかり話を聞いて、最後にこちらでまとめます。たとえば、「ということは、お客さまに電話をするのをうっかり忘れたということですね」とか、

「きみがこの前やったことは、やり方が間違っていたということだよね」

と確認して合意したうえで、ステップ４（解決策を考えさせる）へ進みます。

このようなタイプは解決策を考えさせると、「今度からはちゃんと電話します」などと素直に口にします。ところがそれで安心して終わりにしてしまうと、結局行動に結びつきません。したがってこれで終わりにするのではなく、**相手の考えた解決策をさらに５Ｗ１Ｈで質問して、より具体的なものにします。**ただし、くれぐれも詰問調にならないように注意してください。

上司「そう。電話してくれるのね。じゃあ、いつ電話する？」（「誰に電話する？」「どのように伝える？」）

部下が「明日もう一度電話します」と言うなら、「明日の何時？」と時刻まで確認するといいでしょう。

部下「はい、明日10時にします」

上司「10時に電話するのね。でも、もし担当のタカハシさんがいなかったらどうする?」
部下「係長のヤマシタさんに伝言をお願いします」
上司「そうね。ヤマシタさんならいいね。なんて言うの?」
部下「製作をお願いしていた製品の仕様が変更になったので、再度打ち合わせに来ていただけませんかと言います」
上司「そう、それでいいわね。大丈夫?」
部下「はい」
上司「じゃあ約束。電話したら教えてね」

というくらい細かく具体的に聞いて、本人に実行を宣言してもらいます。できれば相手が言ったことをメモして、相手にも見えるように証拠を残すとなお確実です。

人に何かをやらせるというのは難しいものですが、このタイプは特に動かすのに骨が折れるかもしれません。

1章で「人に行動を起こさせるには、『喜びのマネジメント』と『痛みのマネジメント』の二つの方法がある」という話をしましたが、どちらにせよ重要なのは、いつ、どこで、何を、どのように、どうするという行動自体の具体的なイメージと、その行動の結果を想像させることです。後者はすばらしい未来を想像させてもいいですし、悲しさや苦しさなどの痛みを想像させてもいいでしょう。できれば喜びのマネジメントのほうがいいですが、いずれにせよ、行動の結果としてもたらされるものをありありとイメージさせることができれば、彼らが行動する確率は跳ね上がります。

ちなみにAグループの人たちには、ここまでしつこく言う必要はありません。彼らは最初の考え方さえ変えれば、あとはちゃんと実行するからです。

さて、ここまで念を押しても、次の日に電話をしたという報告がない場合はどうすればいいでしょうか。その場合は、同じ対話をもう一度繰り返すことになります。

「これ、昨日も言ったよね。あなたはこうすると約束したよね。しかしやらなかったよね。どうしてかなあ」

「いつも明るいあなただから、その笑顔で約束を守ってくれることを期待して、こうやってもう3回も話しているのよ。でもあなたがやらなければ、次からは私ももっと厳しい態度をとらざるを得なくなるけれど、どうかしら」

このとき「もう○回も話しているのよ」と言うためにも、毎回対話の記録をとっておく必要があります。

Bグループ bタイプ 仕事を適当にうまく流す人

与えられた仕事はテキパキとこなすものの、テーマを設定したり課題に挑戦したりするような難しい仕事を避けるのが、このbタイプです。簡単ですぐに片付くような仕事ばかり選んでやるので、一見仕事が速く有能な印象を与えますが、仕事の質が指示したレベルに達していないことがあります。

このような人を叱るときは事前ステップ（準備と場づくり）の、その人を認める言葉をかける部分を長めにしましょう。

「営業店への月次連絡のとりまとめ、いつもテキパキやっていてすごいと思っているよ」というように。

次にステップ1の客観的事実の提示です。

「今回はいつもとちょっとちがったよね。特別企画なので、その意味とか目的をきちんと伝えながら、指示を出したいと思ってたけど、そうなってなかったよね」

ここでは抽象論ではなく、具体例を示す必要があります。

「ここに広告が入っていないので、これは残念だな」

「あなたならスピードと質を両立してくれると期待しているんだけど」

というように、求めるレベルを具体的に示さなければなりません。

とはいえbタイプは試行錯誤を必要とするような仕事が苦手です。なぜ苦手かと言えば、「どうすればできるようになるか」を突っ込んで考えないからです。だから自分がいままで経験したことのない仕事や、難しいことに挑戦するような仕事はイメージがわかず、実行に移せません。したがって相手が自発的に取り組んでくれるのを待っていても、なかなか進まないでしょう。上司は、「どうすればうまくいくか」を一緒に考えることになります。

上司「企画の目的をしっかり伝えるにはどうしたらいいだろうね」

部下「ええと……そうですね、過去の企画会議の提案スライドから、わかりやすいものがないか調べてみます」

というように、とるべき行動のイメージが出てくれば、あとは速いと思います。しかしこのような助けがない限り、おそらく自分だけではゼロから発想できません。

したがってステップ４で解決策を考えさせてもなかなか出てこないときは、「たとえばこういうのはどう？」と助け舟を出してもいいでしょう。しかし最初からこちらがすべてを言わないことです。こちらからは少しずつ提案して対話モードに持ち込み、会話を重ねることで相手の中に行動のイメージを植えつけることを目指します。

B グループ

C タイプ

やる気のない古参の人

出世をあきらめた古参社員の中には、やる気を失ってしまっている人がいます。叱られれば表面上は素直にハイハイと聞きますが、覇気がないので行動を改めるところまでいきません。このようなタイプには、相手の持つ経験とノウハウを認め、「ここはこういうふうにしてほしい」と具体的に改善要望を伝えます。そして、「それについて何か意見やアイデアはありませんか」と尋ねます。

そこで相手が「私ならこうしますね」というように、少しでも興味を示したら、

「それ、どういうことですか」

「ああ、なるほど、そうするんですね」

と、真摯に聞き込みます。このような人たちには、それまで日の当たらない場所にいた人が多いので、アイデアを採用すれば張り切るはずです。したがってなるべく本人を巻き込んだ改善をしてもらうといいでしょう。仮に上司である自分が出したアイ

デアであっても、その人の手柄にしてあげるようなことがあっていいと思います。

ちょっと話はそれますが、**上司の役目は、自分のアイデアであっても部下が考えたかのようにして花を持たせること**だと思います。自分が3で向こうが7を考えた場合はもちろんのこと、自分が7で相手が3の場合でも、「きみのアイデアはいいね」と言ってあげるのが、部下を活かす上司ではないでしょうか。

Cグループ　ネガティブな反応をするタイプ

叱っても反応がよくわからないのがCグループです。口を閉ざしたり、「どうせ私が悪いんです」と拗《す》ねた態度をとったり、泣き出したりとネガティブな反応を見せる人もいます。Aグループは【叱りシナリオ】の前半、Bグループは後半を重視するのがコツですが、このCグループは、状況に応じて重視する部分を変える必要があります。

Cグループ向け
叱りシナリオ（ステップ１〜４を重点的に）

事前ステップ　準備と場づくり「いつもありがとう」

ステップ1 客観的事実を提示する「こんなことがあったよね」
ステップ2 要求・要望を伝える「私はこう思うよ」
ステップ3 相手の考えを聞く「きみはどう思う？」
ステップ4 解決策を考えさせる「これからはどうしよう？」
ステップ5 支援する「私にできることはある？」
事後ステップ お礼と励まし「今日はありがとう。頑張って」

Cグループ　ネガティブな反応をする

aタイプ・泣き出す

bタイプ・交換条件を出してくる

cタイプ・黙り込んでしまう

dタイプ・人のせいにする、言い訳する

C グループ a タイプ 打たれ弱い人

叱ると泣き出すのがこのタイプです。実を言うと、私も女性の部下に泣かれたことがあります。たしか1時間か2時間くらい残業をしていたときのことでした。彼女がつくった提出物を、「ここが悪い、ここも悪い」と指摘して、「明日までだから頑張ってね」とやり直しを頼んだところ、いきなり泣き出したのです。

彼女としては私に3回もやり直しを命じられ、そのうえ私が「さっき僕がこうしてと言ったのに、なんでしないの」というようなことを言ったので、どうしていいかわからなくなったのでしょう。まだ23歳の部下でした。

私としては、責めているつもりはまったくありませんでしたが、言い方がきつかったのでしょう。技術的なことを指摘しているだけだったので、うろたえて「なんで泣くの。泣く必要ないじゃない」と言ったことを覚えています。

大人が仕事の場で泣くということは、決して褒められたことではありません。しかし**泣くという反応は、その人が叱られた事実を真正面から重く受け止めているという証明**でもあり、対話は十分に可能です。

こんなとき重要なのは、相手が泣いてもたじろがないことです。急に叱るのをやめてはいけません。相手が泣いたら話をいったんストップします。相手は感情がたかぶっていますから、こちらの言葉が耳に届いていません。ですから、落ち着くまでしばらく待つ必要があります。

相手が泣いたことでおろおろして、「言い方がきつかったかな、ごめんね」などと謝りたくなるかもしれませんが、そのことを謝る必要はありません。「涙が出てきちゃったんだね。そうか」と状況をそのまま受け止めます。

「ちょっと待つね」と言って、落ち着くまで1～2分待ち、涙が止まったら、「さっきの続きだけど」と話を再開します。相手の褒めるべき点を褒め、客観的事実を提示し、要求・要望を伝えたら相手の意見を聞くのはシナリオ通りです。ただしこのタイプは、相手の話に対して強めに共感を示すことが必要です。

「ああ、そうか。そうだったんだね。そこまでやってくれたんだ」

「全然直っていないわけじゃなくて、ここを変えてくれたんだね」

「そうか。どうしてこれ書いたの……。そういうつもりだったんだね。なるほどね。しかし、私の言い方がわかりにくくて誤解させてしまったかもしれないけど、私が言ったのはこれじゃなくて、こっちのことだったんだよ」

というように、共感を示す対話を心がけてください。

「会社で泣くなんて、社会人として恥ずかしいからやめなさい」などと、泣くこと自体を注意する必要はありません。そこは責めてもしょうがないことでしょう。相手の話をしっかり聞いてあげれば、自然と「泣いたりしてはいけない」と気づくはずです。

もっとも「泣けばごまかせる」と思って同情をひくために意図的に泣いているのが明らかであれば、そこは指摘するかもしれません。しかしそこまで作為的に振る舞える人はなかなかいないと思います。

また、叱られると「私が悪いんです」と過剰に自分を責めたり、悲観的な反応を示すタイプには、内面を認めることから始めるのがセオリーです。こんなときに役立つのが**「リフレーミング」という、物事を逆から捉え直す方法**です。

たとえば、悲観的なのは欠点かもしれませんが、逆に言えば慎重に考えたうえで行動するということです。このようにリフレーミングをすれば、良い面を認めやすくなるのではないでしょうか。

さらに、このタイプの人が悲観的に見ている現実をリフレーミングすることで、相手に「別の見方もあるんだよ」ということを教えてあげられます。

そこでこのタイプと話をしていてネガティブな意見が出たら、相手がそう考えているという事実に共感したうえで、相手が悲観的に見ている出来事についてリフレーミングした見方を述べます。

「きみがうっかりミスをしたのが今回の問題のもとだったっていうんだね。でも今回のことはお客さんも『こちらがもっとよく説明すればよかった』と言っていたし、前任者が控えをとっておかなかったのも一因だから、別にきみだけが一方的に悪いのではないと思うよ。対応をちょっと間違っただけだよ」

「いや、きみがテキパキと行動的に準備を進めてくれて助かったし、今回うまくいかなかったのは、きみが確認の電話をしなかったというだけでしょう。それにお客さんもきみの誠意はわかったと言ってくれているから、きみの真面目な性格が伝わったことは、長い目で見ればかえって良かったかもしれないよ」

というように、悲観的ではないものの見方を示します。この例では、ややうっかり者で、物事を進めるのは速いが細かいことが抜けがちになる部下に対して、「慌て者↓行動が速い」と言い換えてリフレーミングしています。また問題を、長い目では良かったと解釈し直しているのも、同じくリフレーミングです。

このようなタイプは、解決策を考えさせるステップ４で苦労することになります。なぜなら**「私が悪いんです」ということは、自分で自分を全否定して、思考停止に陥っているということなので、解決策を考えさせても出てきにくいからです。**

そこで相手の行動や結果など、外面にポイントを集中させ、今後はどうしたら望ましい行動ができるようになるかという建設的な方向に向けて話をします。

「なぜそのとき電話ができなかったんだろう。どうしたらできるようになるか、一緒に考えてみようよ」

　というように、対立モードではなく、「きみを助けるために隣に座っているよ」「一緒にあなたの要望を叶えるような方向を見つけましょう」というスタンスで辛抱強く話していくと、何かしら前向きな発言が出てくるものです。叱るということは、対話を通じてお互いをわかり合う過程でもあるのです。

Cグループ　bタイプ　交換条件を出す人

【叱りシナリオ】ではステップ５（支援する）で、「私にできることがある？」と聞きますが、こう言うと交換条件を出してくる人がいます。

「今日、言われたことはやります。でもこの間言われた業務はいまできないので、その仕事は私の担当からはずしてください」

　たとえばこんなふうに言われたとき、もし本当にそうすることが必要だと判断すれば、そうしてもいいでしょう。しかしこちらが指摘したことを是正するための条件として仕事の配分を変えるようなことは、組織として認められることではありません。もしそういう交換条件を提示してきたら、はっきりと断ります。

「それはダメだよ。みんなそれぞれ私なりに考えて、役割をもって仕事をしてもらっているんだから。もしどうしても忙しいピークが重なって厳しいときは、応援の人を増やしたり、あるいは時期をずらしたりするけれど、いまはそういう状況なの？」

と言って詳しい話を聞きます。

C グループ C タイプ 黙り込んで無表情な人

何を言っても無反応。黙り込んで何を考えているかわからず、叱っているほうが不安になるのがこのタイプです。しかし内心では、叱られていることについて、じっくり考えているのかもしれないし、何か細かいことにとらわれているだけかもしれません。

このようなタイプは普段から細かい点についてはよくできていることが多いので、

事前ステップ（準備と場づくり）の時間を少し長めにとって、「きみは本当によく気がつくね」と細かなところを褒めるといいでしょう。そしてそこを糸口に会話を広げます。

「きみのこの報告書、よく書けているな。細かいところまでよく調べてくれたね」

ここではいったん叱るテーマを外れてもいいので、少し長く話をします。「対話モード」をつくるためです。

「こんなに丁寧に細かく調べてくれて、すごいね。これ、どうやってやったの」

おそらく本人もこんなふうに聞かれると悪い気はしないので、

「はい、これは過去の注文数の推移を調べて、月別の平均を入れました」

というように話をしてくれると思います。

ここで少し長めに話して相手の態度がほぐれたら、ステップ1（客観的な事実を提示する）に移ります。事実を指摘するときもズバリ切り出すのではなく、次のようにソフトに言うといいでしょう。

「ちょっと聞きたいので、教えてほしいんだけどね。先月、きみは工事が遅れているのを報告しなかったことがあったよね」

その途端に口を閉ざしてしまうようなら、

「ゆっくり考えたいのかな？　いいよ、ゆっくり考えて。何か浮かんだら教えて」

と伝えて安心させます。

このようなタイプとの対話がうまくいくかどうかは、事前ステップ（準備と場づくり）でいかに場を整えられるかにかかっています。まだ相手が心を許していないのに、中途半端にお世辞を言ったあと、いきなり叱りモードに移ると、もう何も話してくれなくなります。このタイプは特に日頃から相手のいいところをよく見ておいて、そこを会話に活かすことが重要です。

C グループ d タイプ 他人のせいにする人、言い訳ばかりする人

ちょっと注意しただけなのに、「すみません」の言葉よりも先に、「あれはイトウさんがいつもと違う場所に書類を置いたから……」などと言い訳が先に立つ人がいます。

このタイプを叱るときは、

「きみは元気がいいね。朝、きみが挨拶してくれると会社が明るくなるよ」

というように、普段の行動を認めるところから会話を始めます。日頃からよく観察していれば、必ず何かしらいいところが見つかります。探しておきましょう。

【叱りシナリオ】に沿って話をするうちに、言い訳や他人へ責任を転嫁する発言が出てきますが、「そうじゃないでしょう」「イトウさんは書類をいつもの場所に置いたと言っているよ」「他人のせいにするの？」などと否定してはいけません。相手の発言内容に同意することはできなくても、相手がそう思っていること自体は間違いのない事実です。その事実を認めることはできるはずです。

「ああ、そういうふうに思っているのか」

「そうか。イトウさんが悪いと考えているんだね」

というように共感し、自分の考えはそのあとにＩメッセージで伝えます。

「**私には**、あなたが書類を忘れたように見えたんだけどね。どう思う？」

そのうえで相手の発言を繰り返して、事実を確認していきます。

「ああ、そうなんだね。コピー用紙が切れていたから、コピーができなかったんだね」

責任転嫁している場合は、会話を重ねていくうちに論旨が破綻していくはずです。とはいえ刑事の取り調べではないので、あまり責めすぎないように気をつけてください。

「なんだ、やっぱりあなたが悪いんじゃない」

とは言わず、

「この問題っていろいろ難しいから、どうしたらうまくいくかな。やっぱり自分の責任として考えたほうが建設的かもしれないよ」

というような言い方で、自分の問題としてとらえることを促してみましょう。

それでもなお責任を認めないなら、仮定の質問をして改善策を考えさせます。

「イトウさんの件はあとで私がイトウさんに話すにしても、もしあなたのほうで再発を防止するために何か改善できることがあるとすれば、どんなことがあるかな」

「イトウさんが書類の置き場所を変えたのが問題だとしても、もしきみにも何か改善できる方法があるとすれば、どんなことが考えられるだろう？」

「イトウさんにはこれからよく注意してもらうとして、再発防止のためにきみにも何かできることがあるとすれば、それは何だろう」

というような言い方であれば、白黒つけなくても話ができます（このような「もし～～だったら」という聞き方を「as if フレーム」といいます）。

もっとも仮定の質問の切り出し方が唐突すぎると、「私の言っていることが信じられないんですか？」ということになります。そうならないよう、その前にじっくり相手の言い分を聞いて、本人に論旨の破綻を予感させておくことが必要です。どんなに身勝手な言い訳であっても、ちゃんと聞いてあげれば相手の心のコップが空になります。そのあとであれば、こちらの話を聞く余裕が出てくるでしょう。

コラム

何度叱っても聞かない人には

知人の経営者から聞いた、あるガソリンスタンドでの話です。

試用期間はすごく真面目だったのに、本採用になった途端に怠け出した人がいました。いくら注意しても全然改まりません。解雇せざるを得ないレベルでしたが、あとでわかったのは、その人ははじめからまともに働く気はなく、楽して給料をもらうことが目的だったそうです。

これは例外的に悪質なケースですが、何度叱っても効果がない人はいるものです。困ったものですが、そんなときにこちらができることは、およそ次の3種類に分けられます。

1　どこかであきらめ、適当につき合う

2　根気よく叱り続ける
3　叱る強度を強くする

多くの場合は、３の方法をとることになります。相手に応じたペースを工夫しながら、伝え方を少しずつ変えて、叱り方を強くしていくわけです。その場合はただ強い口調で厳しく叱責するのではなく、

「あなたが私の立場だったら、どう思う？」

というように、質問の角度を変えるといいでしょう。

なかにはそれでも改まらず、やむを得ず解雇を考えざるを得ないケースもありますが、いまの日本の法律では一度正社員として採用した人を解雇することは非常に困難ですから、ぎりぎりまで話し合いを続けることになるでしょう。私なら、

「いままでこうして話し合いを重ねてきたけれど、きみは変わらない。どうしたら改めるんだろう」と尋ねたり、

「きみが改めてくれるのを期待していたけれど、どうやらそれは難しいようだね。で

も、きみがそうすることによってよくない影響をまわりに与えているので、そこだけは何かしたいんだ。そこを協力してくれないだろうか。それができなければ、私はきみに厳しい評価をつけざるを得ない」

というようなことを言うと思います。

第5章

シチュエーション別の叱り方

部下の問題行動や状況別の叱り方

ここからは、部下の問題行動や状況に応じた具体的な叱り方を紹介しましょう。

部下の問題行動の中には、「仕事の要領が悪い」とか、「チャレンジしたがらない」など、上司から見るとじれったくなるようなこともあるでしょう。

そんなふうに感じてしまうのは、上司であるあなたが、現在の自分自身を基準としていることにも原因があります。「自分はこれくらい朝飯前なのだから、部下にとっても簡単なことだろう」と錯覚してしまうのです。

しかし、部下と同じ年齢のころの自分はどんな社員だったでしょうか？　当時の自分がもしも同じ状況に陥ったとしたら、どう振る舞うでしょうか？　もしかすると、その部下と大差ないのではないでしょうか。そう思うと、少しは長い目で見ることもできるかもしれません。
ここでもう一度、叱り方の基本ステップをまとめておきましょう。

叱りシナリオ

事前ステップ	準備と場づくり「いつもありがとう」
ステップ1	客観的事実を提示する「こんなことがあったよね」
ステップ2	要求・要望を伝える「私はこう思うよ」
ステップ3	相手の考えを聞く「きみはどう思う？」

ステップ4　解決策を考えさせる「これからはどうしよう？」

ステップ5　支援する「私にできることはある？」

事後ステップ　お礼と励まし「今日はありがとう。頑張って」

この基本の叱りシナリオがしっかりと習慣づけられれば、状況や相手に応じて活用することができます。次のページから、サンプルとしていくつかのケースをご紹介しましょう。

ケース 1
基本的な態度がよくない

ケース1は、社会人として要求される最低限の基本動作ができない場合です。叱る対象者は新人など若手になると思います。

- 挨拶しない・できない、声が小さい
- 遅刻する（始業時間、会議の開始時間）
- 報告・連絡・相談を怠る
- 整理整頓ができない
- 仕事中に頻繁に離席する
- 仕事中にしょっちゅうスマホをいじっている

このような場合は、早めに指摘することが大事です。そうでないと、本人がこの先苦労することになります。

具体的事例と叱り方

挨拶しない、挨拶の元気がない

事前ステップ

準備と場づくり

上司「A君お疲れ様。もう入社して半年経ったけど、どう？　仕事、慣れてきた？」
部下A「はい、まあ」
上司「それはいい。ただ最近気になっていることがあるので、ちょっと話したいと思ったんだ」

ステップ1　**客観的事実を提示**

上司「今週気になったんだけど、朝の挨拶、ちょっと元気がないんじゃない？　それに昨日だったかな、外回りから帰ったときに何も言わなかったね。先週の木曜日もそうだったと思う。入社直後は元気がよかったのに」

ステップ2　**要求・要望を伝える**

上司「私がいつも挨拶について、みんなにどんなふうにお願いしていたか覚えてる？」

部下Ａ「確か、ちゃんと挨拶しようって……」

上司「そうだね、元気よくしっかり声に出そうとお願いしてたよね。以前はしっかりできてるとうれしく思ってただけに、残念だったな。ところで、元気よくしっかり挨拶することの目的は何だと思う？」

部下Ａ「みんなとコミュニケーションをとることで、仕事がやりやすくなるとか……ですかね」

上司　「そうそう、その第一歩が挨拶だよね。ちゃんと覚えているじゃないか」

ステップ3　相手の考えを聞く

上司　「最近挨拶がしっかりできていなかったことについては、どう思う？　あれだけできていたのに、何かあったのかい？」

部下A　「いえ、別に……。ただ、忘れていただけっていうか……。先輩たちもそんなにちゃんと挨拶してないし」

上司　「そうなんだ。職場に慣れただけに、ちょっと気が緩んで行動が抜けちゃったんだね。そして先輩たちもパーフェクトでないので、それでいいと思ったんだね」

部下A　「ナガイさんもヨネザワさんも、挨拶してませんよ」

上司　「確かにパーフェクトにできている人はいないかもね。どこか抜けることもある。私だって、そうだ。だけどそんな中でも、パーフェクトを目指していきたいんだよ」

ステップ3で相手の考えを聞くときは、なぜ基本動作ができていないのか、その背景を理解するようにします。そもそも基本動作の必要性を理解していないために、それができていない場合は、そこをもう一度よく説明する必要があります。理解しているけれども、できていない背景には次のようなことが考えられるでしょう。

- 基本動作が必要なことは知っていたが、習慣行動につながっておらず、たまたまそのとき特殊な事情があって、抜けてしまった
- 基本動作が不十分な先輩たちを見て、自分だけやるのがバカらしくなってきた

次に、基本動作ができるようになりたいという相手の意思を確認します。

上司「きみもそういう職場のほうが、気持ちよく働けると思わないか？」

部下Ａ「それは、そうですね」

その部下が新人であれば、逆に職場の見本になってもらうように協力をお願いするのも一つの手でしょう。

上司「この職場を理想に近づけたいなあ。そうだ、Ａ君がそのモデルになってくれないか？」

ステップ4　解決策を考えさせる

上司「じゃあ、人の真似はしなくていいとして、気の緩みから挨拶が抜けることはどうやって防ごうか？」（極力部下に考えさせながら、適宜アドバイスする）

部下Ａ「ホシノさんやアマノさんはいつもしっかり挨拶しているので、ホシノさんたちを見習うようにするとか……」

上司「うん、それはいいね。他にも何かあるかな？」

部下Ａ「自宅でも家族や近所の人に対してちゃんと挨拶するようにすれば、習慣になると思います」

上司「うん、まあそんなところかな。これだけ話し合えば、抜けないだろう」（期待）

ステップ５　支援する

上司「私に何かできることはあるかな？　そうだ、今後もしお互いに挨拶が抜けたら、あとで注意し合うのはどうだ。共同作戦だな」

事後ステップ　お礼と励まし

上司「今日はありがとう。Ａ君と一緒に職場を盛り立てていけそうでうれしいよ。よろしく頼むね」

重要なことは、上司が普段から基本動作の重要性とその意味や目的を含めて伝えておくことです。叱るためには、それが職場の規範となっていることが前提です。

ケース 2

単純ミスが多く、繰り返す

単純ミスが多く、それを何度も繰り返す場合も、叱らなくてはなりません。たとえば次のようなミスを繰り返す場合です。

- 番号を間違えて、宛先とは別の会社にＦＡＸした
- アドレスを間違えてメールを送ってしまった
- 書類の中で計算ミスが多い
- 書類の綴じ方を間違った（上下逆や裏返しのページが混ざる）
- 同封すべき書類をすべてそろえて送らなかった

悪気はなく、生まれつき慌て者なのかもしれませんが、会社としては困った状況です。ぜひ是正してもらわなければなりません。

しかし、性格を責めても簡単には直りません。その代わり、ミスをしないような仕組みを考えてもらいましょう。本人もミスを繰り返したくないと思っているはずなので、方向づけは難しくはありません。「再発させない仕掛けを考える後押しをする」というスタンスで臨みましょう。

具体的事例と叱り方

相手先を間違えてFAXした

事前ステップ　**準備と場づくり**

上司「Bさん、ちょっと話せるかな。いつもテキパキ仕事をこなしてくれてありがとうね」

ステップ1　**客観的事実を提示する**

上司　「○○会社さんからＦＡＸを待っているのに全然届かないという連絡があってね。あなたの送ったＦＡＸの番号が間違っていたようで、他の部署に届いていたそうよ。確か3カ月前にも似たようなことがあって、そのときもこうして二人で話をしたよね」

事実を伝えた後、相手の反応を待ちます。おそらくショックを受けるでしょうから、それをいったん受け止めるのを待ちましょう。もし、そうではなく、けろっとした様子であれば、次のステップで、ミスが会社に与える影響をより強く伝えましょう。

ステップ2　**要求・要望を伝える**

上司　「これが、会社にどんな影響を与えるかわかる？　○○会社の人たちはＦＡＸが届くまでの間、仕事ができなかったし、うちに電話をかけて確認したりと、余計な手間をかけさせたのよ。ポイントごとにしっかり確認していかないと、こんなことになるわね。テキパキ仕事を進めてくれるBさんだからこそ、そこも万全を期してもらいたいわ。今回は私もがっかりした」

ステップ３　相手の考えを聞く

上司「今回のことについて、あなたはどう思う?」

部下B「単純なミスをして、恥ずかしいと思っています。しかもこれが初めてではないので、自分が情けないです」

上司「うん、あなたが十分に反省していることはわかったわ。つらいよね」

部下の考えを聞くが、部下は恥ずかしい気持ちや情けない気持ちを持っているはずなので、追い打ちをかけることはせずにその気持ちを受け止めましょう。

ステップ4　**解決策を考えさせる**

上司　「今後は十分に気を付けてくれると思うけど、気合だけでは確実じゃないからね。もう二度と起こさないようにするためには、どうしようか？」

部下B　「ＦＡＸを送る前、大きな字で番号をメモし直して、それと突き合わせをしながら送るようにします。いまは名刺の小さな文字を見ながら送っているので、間違いやすいのだと思います」（部下にアイデアを考えさせ、上司は引き出すようにする）

上司　「それがいいかもね。それでいきましょう。さすが決めたら速いＢさんね」

ステップ5　**支援する**

上司　「私にできることがあるかな？　大丈夫？　そう」

事後ステップ　**お礼と励まし**

上司　「じゃ、頼むわね。期待していい？　頑張ってね」

ケース3 仕事の手順や考え方を間違えてミスをする

仕事の手順ややり方を間違って理解したり、考え違いをしたりして、ミスを起こす場合です。考え違いで、起こすべき行動を起こさなかった場合も含みます。

- 頼んだ仕事を正しく進めていなかった
- 仕事の処理手順を間違える
- 関連部門に重要な連絡を入れない
- 仕事に全力で取り組まない

たとえば、頼んだ仕事を指示した方向に進めていなかったとしましょう。もうそろそろできたかと思って確認すると、まったく違った方向に進んでいることが初めてわかるといった具合です。

すでにやり直す時間的な余裕はない状況だったりすると、思わず語気強く怒ってしまうかもしれません。しかし怒鳴ってしまった部下をフォローするよりも、急いで挽回する方法を考え、実行するほうが先です。他の部下も手伝わせるとか、自分も作業に加わるとか、関係部門にお願いして期限を延ばすなどの手を打つことのほうを優先しなければなりません。それらが一山越したあとに、改めてその部下をきちんと叱る必要があります。

これは57ページでもお伝えした「2段階叱り」です。

一度感情的に怒ってしまったことは仕方がありません。そのうえで効果的に叱ることです。それには、最初の感情任せの怒りも効果的なリソースとして、2回目の叱りに活用しましょう。

最初の怒りが厳しい言い方であればあるほど、2回目に冷静に叱ったときのコントラストが際立ち、これはこれで効果を発揮することがよくあります。

具体的事例と叱り方

頼んだ仕事を正しく進めていなかった

事前ステップ　**準備と場づくり「いつもありがとう」**

ここでは、何か褒めてから対話を始めるという状況ではないので、「いつもありがとう」というような言葉は必要ありません。その代わり最初の怒りについて感情的であったり、一方的であったりしたことを謝りましょう。その一方で、「上司である自分が感情的になるくらい大変なことなのだ」という、事の重大さを感じてもらいます。

上司　「昨日は頭ごなしに怒鳴ってしまって悪かったね。私も相当頭に来ていたらしい。おかげで夜まで気持ちが収まらなかった。やっぱり昨日のことの影響は大きいよ。きみのことだから二度と繰り返しはしないと思うけど、そこから何を学べるか、一緒に考えてみないか」

ステップ１　客観的事実を提示する

上司「昨日までに仕上げてくれとお願いしていた新商品の企画書、これをきみは最初の２ページのあと、若者向け商品としてつくっていたね。これは私が最初に言った高齢者向けの商品とは、方向が反対なのがわかるかい。普段はあれだけ仕事をしてくれるきみが、どうしたことだろう。どこかで間違ったかもしれないので、流れを確認してみよう。たしかその仕事を私がきみに頼んだのは、○月○日の××のときだったよね」

事実を指摘しつつも、部下がそれを自分と同じように認識していない（これが原因の一つでありうる）ことも考えられるので、ここはよくすり合わせましょう。部下との間に紙片を置いて、ここにキーワードや流れなどを書き込みながら進めると、対立的なムードになるのを防ぎ、共同作業モードになります。

上司　「なるほど、最初は高齢者向けで考えていてくれたんだ。そこまではよかったんだね」

部下C　「最初は高齢者向けということでしたが、社長から朝礼で、これからわが社は若者向けの商品に注力していくというお話がありましたよね。それで営業部にも確認したところ、若者向け商品の開発を急いでほしいと言われたんです」（部下の反応や言い訳を聞く）

上司　「ところがその後、営業部からの連絡がないので、様子を見ながらプロジェクトを止めていた。でも回答が来なかったので、若者向け商品に切り替えたということだね。そうか。タイミングも悪かったのか。まあ状況はわかった。そういうことなんだね」

こうして上司は部下の事情がわかり、部下は自分がどの段階で考え違いをしたのかがわかってきます。

ステップ2　**要求・要望を伝える**

ステップ1での共同作業の中で、上司の要望は暗黙のうちに伝わっていると考えられます。そこでこのケースでは、あえて上司が自分の是正要求を伝えずに、ステップ3に移行して部下に問いかけます。

ステップ3　**相手の考えを聞く**

上司　「つまりいったんは高齢者向けということで企画を考えたけれど、社長の話と営業部の話で、若者向けにしたほうがいいと考えたということだね。このことを振り返ってみて、きみはどう思う？」

部下C　「社長や営業部の話がどうであっても、今回のプロジェクトは別物と考えるべきでした。疑問に思った時点で指示をもらった部長にちゃんと確認するべきでしたが、私も一週間の出張が入っていましたし、同じころ部長も出張で海外に行かれていたので、つい独断で進めてしまいました」（部下の反省の言

葉が出だしたら、言い訳に聞こえたとしても話をしっかり聞き込む）

上司　「そうか、いまは確認不足だったと思っているんだね。そう思うのがいつものC君だよね」

途中で、まだ部下が考え違いをしていることがわかった場合は、適宜質問して間違いを正し、アドバイスを入れます。

ステップ4　解決策を考えさせる

上司　「じゃあ、今後はどうしようか。また同じようなことが起こったときのために、決めておこう」

部下C　「今後は疑問に思うことがあったら、すぐに部長に相談します」

ステップ5　支援する

上司　「私にできることがあるかな？　判断に困るようなことがあれば、遠慮なく相談してほしいし、私もちょっと気にかけておくね」

事後ステップ　**お礼と励まし**

上司　「もうそんなに落ち込まないで。起こったことは経験として、しっかり学んでくれればいいよ。よし、たのもしいＣ君が帰ってきたぞ。今後に期待しているよ」

ケース4 計画した仕事に着手しない

まれにではありますが、部下が命じた仕事をまったくしなかったり、途中でやめてしまったりすることがあります。一体なぜそんなことをするのか、理解に苦しむと思いますが、本人にも原因がよくわからないことが多いものです。主な理由としては、次のようなことが考えられます。

- 命じられた仕事に興味がわかなかった
- 取りかかりの具体的な方法がわからなかった
- 他の関係者に働きかけるのが気が重かった
- その結果、意識が簡単な仕事に流れ、優先すべき重要な仕事に向かわなかったつまり何らかの理由で最初の一歩が出なかったり、そのあとのエンジンがかからなかったりというのが、この状況です。決してやる気がなかったわけではなく、毎日気にはなりながらも、他の着手しやすい仕事に意識が向いてしまうのです。特に他の仕事が忙しければ、手をつけない恰好《かっこう》のエクスキューズとなります。

自分がやるべき仕事から、あえて顔を背けていたということは、うすうす感じてはいてもなかなか認めにくいものです。それを責めるよりも、今後その仕事を進めていくためのイメージづくりや具体的なアクションプランの明確化に重きを置きましょう。

この場合もケース３と同様、状況が判明したときに、上司は感情的に怒っている可能性があります。ここでも**各方面への応急処置がすんだあとで改めて対話する「２段階叱り」**がよいでしょう。

重要な仕事を後回しにする

事前ステップ　準備と場づくり

ここでも褒め言葉はふさわしくありません。やはり最初の怒りについて、感情的であったり、一方的であったりしたことを謝りましょう。

上司「D君、一昨日のあの顧客データベースの件、もう一度話したいので付き合ってくれ。一昨日さんざん言ったけれど、あれは重要な仕事だった。それが半年間も手つかずだったことがわかったものだから、私も愕然としたが、まあなんとか片がついた。普段はしっかりしているきみには似つかわしくないことだったね。二度と起こしてほしくないから、ちょっと今後のことを考えてみようよ」

ステップ１　客観的事実を提示する

上司　「最初のステップは顧客データの入力だけど、データはどうやって集めようと考えていた？」

部下Ｄ「自分ではやり方がわからなかったので、前に同じようなものをつくったことのあるカネコさんに聞こうと思っていたのですが、カネコさんがいつも席にいなくて、ぜんぜんつかまらなくて……。そうこうするうちに、他の課の急ぎの仕事の応援を頼まれてしまって」

このような問いによって、どこに壁があったのか探ります。しかし部下自身にも何が壁だったかがわかっていないことが多いので、あやふやな答えしか返ってこない場合もあります。

ステップ2　要求・要望を伝える

ここでもケース3と同様に、自分の「こうしてほしい」という要求は伝えません。省略して、ステップ3に移行します。

ステップ3　相手の考えを聞く

ここでは、ステップ1を総括します。

上司「つまり、自分では取りかからなければまずいと思っていたけれど、最初のやり方を聞く段階で、カネコさんに連絡をくださいというのにちょっと抵抗があって、なかなか手が出なかった。そのうち隣の課から急ぎの仕事を頼まれてしまったので、そちらを優先した、とこういうことかな？」（部下の反応を待つ。納得しているか確認する）

部下D「……うーん、ていうか……」

上司「なんだ、ちょっと違う？　どう違う？」
部下Ｄ「カネコさんに聞くのが本当にベストなのかどうか、迷いも出てきて。本当なら自分で考えるのが筋じゃないかなとも思い始めて……。そうするとなんだか、どうすればいいかわからなくなってきてしまったんです」
上司「うん、わかった。どうやって手をつければいいか、混乱してしまったということだね」

ステップ4　解決策を考えさせる

上司「さて、問題は難関のデータ入力だよな。ここどうしようか？」（部下の話を聞く。上司も適宜アドバイスを入れる）
部下Ｄ「私の責任なので、いまから土日返上で入力します」
上司「リカバリーしたいという気持ちはわかるけれど、それはダメだよ。第一、効率が悪すぎる」
部下Ｄ「それでは、私が先日まで手伝いをしていた隣の課に応援を頼んでみます」

上司　「そうだね。あの課は大きなプロジェクトが終わったばかりで、比較的余裕があるはずだ。私からも頼んでおこう。その他に何かないかな？」

部下D　「いま、インターネットを介してデータ入力を外注できるサービスがあるそうです。これを利用してみるのもいいかもしれません」

上司　「そうだね。じゃあ、それにかかる料金や時間を調べてみて」

部下D　「わかりました」

上司　「じゃあ、D君、いま言ったことをおさらいしてみて」（自分の口で解決策を復唱させ、行動をコミットさせる）

部下D　「データ入力サービスの会社に問い合わせをして、そして隣の課に応援を頼みます」

上司　「じゃあ、いま言った、データ入力サービスの会社に問い合わせする、そして隣の課に応援を頼む、これいつまでにやれそう？」

部下D　「明日の午前中までにはできると思います」

上司　「そうか。よし、じゃあ、そのために最初にやることは何？　明日できるこ

とは？」（具体的に、目前の行動を想起させる）

上司　「それできる？」（部下の「はい」という返事を待つ）

部下D　「はい、わかりました」

上司　「お、元気がいいね！　大丈夫そうだね」

ステップ５　支援する

上司　「私にできることがあるかな？　判断に困ることがあれば、遠慮なく相談してほしいし、私も気にかけておくね」

事後ステップ　お礼と励まし

通常ならこのステップで「今日はありがとう」などのお礼を言いますが、このケースではふさわしくありません。

「そうそう、明日の行動の結果をぜひ報告してくれよ。楽しみにしているよ」

などの言葉で締めくくるのがよいでしょう。

ケース5 応用動作ができない

言われたことしかしない「指示待ち人間」の部下もいるでしょう。簡単な例で言えば、手紙の宛名書きを頼んだら、「切手を貼って投函もしておきましょうか」というところまで気がついてほしいものですが、そういう一言がないようなタイプです。

- 自分で考えない、言われたことしかしない
- 細かいことに気が回らず、仕事が雑
- 定型的な処理以外の対応ができない

このような部下を叱るときの留意点は、本人は叱られるような行動をとっていると

いう自覚がないことです。これでいいと思っているからこそ、言われたこと以外の行動を起こさないのです。

したがって社会人としては、自分がいま考えている視点から一段上がって、自分の仕事の目的や、果たすべき役割、期待されている役割に気づかせ、そこから物事を考えるように仕向ける必要があります。

具体的事例と叱り方

自分で考えない、言われたことしかしない

準備ステップ

準備と場づくり

上司　「E君。今、手が空いてない？　ちょっと話をしようか。いつも張り切って仕事してるね。声が大きくて元気が伝わるね。うちの会社に入ってもう2年経つんだね。早いなあ。来月には後輩も入ってくるから、いよいよ先輩にな

るんだな」

ステップ1　客観的事実を提示する

上司「頑張ってくれているのはわかってるんだけど、実は最近ちょっと残念だなと思うことがあったよ」

部下E「えっ、僕、何かしましたか？」（なぜ叱られるのかわからず、ぽかんとした表情）

上司「売上の集計は当日か翌日までに終わらせることに決まっているのに、それが守れない日が続いているよね」

部下E「でもそれは営業から帰ってきても日報を提出しない人が多いから、仕方ないんです」

ステップ2　要求・要望を伝える

ここでも要求は伝えず、次のステップに進みます。

ステップ３

相手の考えを聞く

上司「いま、きみがやってくれている仕事の中身はなんだっけ？」
部下Ｅ「売上の集計と、事務全般です」
上司「それで、その中の売上集計の作業は、結局何のためにやっているの？　いや、給料をもらうとかではなく、その作業自体は何のためにあるの？　あるいはその作業が完了することによって、どんな状況ができあがるの？」
部下Ｅ「ええと……。売上の数字を上層部に提出することで、経営判断に活かすわけですから……すぐに数字を知りたいでしょうし、もしそれが間違っていたら大変なことになりますね……」

このように質問することで、その部下の仕事の一段階もしくは二段階程度上くらいの目的を理解させます。

上司　「そうなんだ。だからきみにお願いしている売上集計という作業には重要な意味があるんだね。そして実際にやっているのはきみ一人、そういう意味で任務は重大だね。でも営業の人たちは日報を出さない。早く手を打たないと、何日分も溜まって作業がどんどん大変になるし、目的としていた経営判断に活かすという状況が遠のいてしまう。じゃあ、どんな手を打てばいい？　それは自分一人でできること？　誰かに連絡する必要はあるかな？」

あまり畳みかけないように気をつけながら聞いていく。部下の答えを聞き取りながら、部下のペースで進めていく。こんなことに注意しましょう。

部下E　「いままでやってみたことはありませんが、僕から営業のみなさんに、日報を必ず提出するようにお願いします。出先からそのまま帰宅する人もいますから、そういう人にはメールで数字を送ってもらうようにすることもできると思います」

上司　「そうだね。いま、E君の言ったとおりだと思う」
部下E　「……」
上司　「（部下の反応を確認）以上をまとめると、E君は売上集計の作業をしていたけど、実はそれは経営判断の材料にするという目的を持っていた。それが滞ったとき、すぐにE君から営業のみんなに催促するという行動を起こしておけば、何日分も溜まるという結果にはならなかった。しかし残念ながら自分から催促するという行動をとることまでは気が回らなかった、ということになるよね」

ここは部下が腹に落ちるまで話し込みましょう。しかしあくまで責める口調ではなく、建設的な解明作業ですから、ときおり、部下の立場に立った解説を入れるとよいでしょう。

上司　「みんなが日報を出さずに帰ってしまったとき、きみとしては入社年次の浅い自分が催促するのは僭越《せんえつ》だと思っていたんだね。そうか、なるほどね」

ステップ4　解決策を考えさせる

上司「今回の総括ができたね。まずは、その仕事の目的とか意味とか、きみの役割とかいうところから考えると、見通しが利くということがわかったかな」

上司「では、次に同じようなことが起きたら、きみはどうする？」

ステップ5　支援する

上司「何か私にできることがあるかな？　私もこれからは仕事のお願いをするときは、目的もあわせて伝えるようにするよ」

事後ステップ　お礼と励まし

上司「よし、いつも元気なE君がさらにパワーアップしそうだ。明日から楽しみだね。頑張れよ」

ケース6 部下のネガティブな言動で職場の雰囲気が悪くなる

日常的にネガティブな言動が目立つ部下がいます。ネガティブな言葉は、その部下の思考パターンや行動に悪影響を与え、結果としてパフォーマンスを落としてしまいます。またこういう部下が一人でもいると、職場全体の雰囲気を壊し、ひいては職場全体のパフォーマンスを阻害します。

4章の部下のタイプ別叱り方では「どうせ自分が悪いんです」というように、自分を責めるタイプについて解説しましたが、ここでは、周囲に対してネガティブな言動をしている部下について考えてみましょう。

不平不満や愚痴が多い

■「どうせダメ」など暗い口癖が目立つ
■その場にいない人のうわさ話や陰口を言う

留意点としては、まずはネガティブな発言が多い事実を示し、よくない言動のパターンだと気づかせてあげることです。さらに、それが周囲に望ましくない影響を及ぼしていることを上司としてきちんと指摘することです。

また、このような人は、何か心に満たされないものを持っていることも多いので、「汲みポイント」を伝え、不平不満も含めてしっかり聞いてあげることが必要になります。また、「ネガティブな言葉を言うことによって、その部下が何を得ているか」を質問してみるのも有効な場合があります。

なお、話を聞くときは、基本的には共感して聞きますが、そこにいない人の悪口が出た場合については、「私はそうは思わない」とIメッセージで否定したうえで、いろいろな見方があることも伝えましょう。

具体的事例と叱り方

不平不満や愚痴が多い

事前ステップ　準備と場づくり

上司「Fさん、相変わらず字が美しいね。ところでいま、ちょっといいかな」

ステップ1　客観的事実を提示する

上司「実は最近ちょっと気になってることがあってね。きみの美しい文字を見るととっても気持ちがいいんだけど、せっかくのその気持ちを吹き飛ばしてしまうことがあるんだよ。ちょっとだけ注意してもらえればいいなと思ってね。話を続けてもいいかな?」

こうして発言の許可をとる形にすると、こちらも言いやすいし、相手も指摘を受け入れやすくなります。

上司　「今日はまだ水曜日だけど、今週に入って何度も、Fさんは『どうせダメよ』とか『やる気が出ないよ』とかいうことを言っていたんだよ。自分では覚えていないかもしれないけれど」

こうして説明していくうちに、部下の顔は暗くなるか、険しくなるかもしれません。ずっと上司に見られているように感じ、嫌な気持ちになる可能性もあるでしょう。よってこの時点では、余計な反発を招かないために「悲観的な」とか「ネガティブな」とか、あるいは「不満を言った」など、評価の入った表現は避け、事実だけを指摘しましょう。

上司　「いまいくつか挙げたけど、それは間違いないよね」

といって部下の確認をとります。

部下Ｆ「昨日は言ったかもしれませんが、一昨日のことまでは……そんなの、覚えていません」

上司「そうか、一昨日のことはもう覚えていないんだね。私は気になったから、悪いけどメモしてたんだよ。思わず口から出たことだから、Ｆさんの記憶に残っていないのかもしれないね」

ステップ２　要求・要望を伝える

ここで上司としての意見を述べます。

上司『どうせダメよ』という言葉を聞くとね、**私は**とても気分が沈むんだよ。張り切っていた気持ちが、ストンと落ちてしまう。人の能力って、心の状態によるところが大きいからね」

と自分の気持ちを語ったあと、周囲への悪影響を述べます。

上司　「これって、おそらく多くの人に共通なことだと思うんだ。『どうせダメよ』といったネガティブな言葉は、まわりの人の力を削いでしまうと**私は**思う。Fさんは何気なく言っているのかもしれないけれど、美しい字を書くFさんがつぶやく『どうせダメよ』っていう言葉は、まわりのみんなにとってもとても大きな力を持っているんだよ」

部下F　「……」

上司　「**私はね**、考えたんだ。Fさんはどうして『どうせダメよ』っていうのかなって。自分でダメと言ってしまうと、自分自身も考え方が消極的になるからもったいないと思うんだ。仕事自体はいつも丁寧でとても感謝しているけど、それだけにとても惜しいことだと思うんだよ」（ここでも「汲みポイント」

を入れています）

ステップ3　相手の考えを聞く

上司　「一方的に話してしまったけれど、Fさん自身はどう思う？」

ここで部下から、「そんなつもりはない」とか「意識していなかった」などの反論が出てくるかもしれません。その場合は、まずは傾聴したうえで、未来に目を向けさせます。

ステップ4　解決策を考えさせる

上司　「では、どうすれば、その言葉を言わないようにできるか考えようか。どうすればいいと思う？」

部下から何か返ってくればいいし、返答がなければ提案します。あなたの持論でかまいません。

上司　「私の提案というか、お願いがあるんだけど、言ってもいいかな？　何か感じたときに、黙っているのはきついかもしれないね。だから何か言うときに、ひと呼吸だけおいて、何かおまじないの言葉を言うのはどうだろう」

部下F　「……？」

上司　「えっ、ていう顔だね。実はある本で読んだんだけど、ピンチのときでも『これはチャーンス』ってつぶやくと、物事を前向きにとらえられて、知恵や力が湧いてくるんだってさ。私も実践してみたけど、いいよこれ。きみもやってみない？」

部下F　「これはチャンス、ですか……。そうですね。やってみます」

ステップ5　支援する

上司　「応援しているよ。何か相談があったら、いつでも乗るからね」

事後ステップ　**お礼と励まし**

上司　「今日はありがとう。Ｆさんが明るく仕事をしていると、まわりの雰囲気もやわらかくなるんだ。よろしく頼むね」

ケース7

自分より目下の相手に対して横柄である

職場の後輩や出入りの業者、仕事の発注先など、自分より下の立場の相手に対して、横柄な態度をとりがちな人がいます。目に余る場合は、きちんと叱る必要があります。たとえば次のようなケースです。

- 後輩への指導が厳しすぎる
- 取引先（下請け）に対して叱りつけたり、礼を失した応対をする
- 職場の女性へのからかいがひどい

このような部下は、おそらく自分の軸が不安定だったり、自信が持てずに立ち位置

に不安を持ったりしています。それを打ち消すために、弱い立場の人に威張っているのでしょう。

このような部下を叱るときの留意点としては、まずはその部下の存在を承認し、それを伝えることです。そして、目下の人に対しても礼節を保ってこそ、その人間の価値は高まるのだということに気づかせます。

といっても、説教のように理屈で話しても、なかなか伝わりません。このような人は目上の人には弱いので、上司であるあなたと部下との二人の関係の話に持ち込むのもよいでしょう。

具体的事例と叱り方

後輩への指導が厳しすぎる

事前ステップ　**準備と場づくり**

上司「G君、ちょっといいかい。話したいんだけど。いつも声が大きくて元気がいいねえ。きみがしゃべると場が引き締まるね。いつも後輩の指導を頑張ってくれていてありがとう」

ステップ1　**客観的事実を提示する**

上司「後輩のH君が、えらくしょげてるんだよ。よく見ていると、しょげるのはG君に怒られたあとのようだ。G君が彼を熱心に指導しているのはわかっているんだけど、最近よく、彼のことを『このバカ』って呼んでるだろ。するとH君が、ひどく元気がなくなるみたいなんだ。気がつかなかったかな?」

ステップ2　要求・要望を伝える

上司「おいG、おまえさっきから何やってんだ、このバカ」

部下G「!」

上司「びっくりしたろ。ごめんごめん、きみがやっているようにやってみた。どう、気分はよくないだろ」

部下G「……」

上司「いくら後輩を育てるためとはいえ、これでは人格を否定していると**私は**思う。**私は**きみが、後輩の指導をどんどんやってくれるのはうれしいけれど、人格を否定するようなことは望まないよ。会社の中も結局は人間対人間、厳しくとも礼節をわきまえて、気持ちよく仕事できる職場を**私は**つくりたいんだよ」

ステップ3

相手の考えを聞く

部下G「でもHは仕事中、ボーッとしていることがありますからね。彼のためにも、誰かがビシッと言ってやらないといけないと思いますよ」

上司「そういう意図があったんだね。厳しくしないと言うことを聞かないと思っているんだね。でも厳しくすることって、相手のことをけなしたり、尊大なふるまいをしたりすることだろうか？」

ここでいったん、部下によく考えてもらう時間を置きましょう。

部下G「……確かに、厳しく指導することと、相手をけなすことは違うかもしれません」

上司「そう、違うよね。さすがG君、よく気がついた。じゃあ厳しくするっていうのは、たとえばどういうことだろう」

部下G「（再びよく考えさせる）……相手がよくなる方向に引っ張っていくこと、でしょうか」

上司「うん、そうだね。そういうことだろうな。それじゃあ、毎日ものすごく厳しくするのと、ここぞというときに限って厳しくするのとでは、どちらが有効だと思う？」

部下G「ここぞというときでしょうね」

上司「そうだよな、さすがG君、飲み込みが早い」

ステップ4　解決策を考えさせる

上司「職場でG君の元気で大きな声を聞くと、場がピシッと引き締まるけど、メリハリをつけて、ここぞというときだけにするといいかもね。普段は逆にすこし優しくすると引き立つね。それでもG君の威厳は損なわれないと思うし、優しくてかつ厳しい先輩として、H君たち後輩からもっと慕われると思うよ」

ステップ5　**支援する**

上司　「私が何かできることあるかな？……もし今後もまだH君がきみとの関係で悩んでいるようなら、あとで私が教えてあげようね」

事後ステップ　**お礼と励まし**

上司　「頼んだよ！　H君をうまく引っ張ることができたら、きっと先輩として一皮むけるよ。期待してるよ！　今日はありがとう」

ケース8 生活習慣に問題がある

社員の私生活についてまで、職場の上司が口を出すのはよくないと思うかもしれません。しかし生活習慣が乱れているせいで仕事に悪影響が出ているケースについては、遠慮せずに叱ってもかまいません。具体的には、次のようなケースが考えられます。

- 服装がだらしなく、身だしなみに問題がある
- 睡眠不足なのか、あくびや居眠りが多い
- 机の上を散らかして、そのままにして帰る

具体的事例と叱り方

服装がだらしなく身だしなみに問題がある

事前ステップ　準備と場づくり

上司「I君、いま時間あるかな。ちょっと話がしたいので、会議室に来てくれる?」
部下I「はい、何でしょうか」
上司「忙しいのにすまないね。大切な用件なんだ。それはそうと、いつも熱心に仕事してくれてありがとう。それで、ちょっと気になることがあって、いつか言おう言おうと思っていたんだけどね。言っていいかな?」

と、ここでも一言、発言の許可をとりましょう。言いにくいことでも、このように許可を得る形にすると、本人も一貫性を保とうとして受け入れやすくなります。

ステップ1　客観的事実を提示する

上司「I君ね。この上着、もうずっと同じものを着ていない？　もう何カ月も毎日同じ上着のようだけど、替えていないのかな。服も1回着たら少し休ませないと長持ちしないっていうよ。それに靴にも乾いた泥がついているよ」

ステップ2　要求・要望を伝える

上司「I君の仕事熱心さは社内で評判でね。うちの職場にきみがいてくれて**私も**誇らしいよ。でもな、人は外見で評価されるところが大きいと**私は**思うよ。特に僕たちはお客さまと接する仕事なのだから、いくら仕事ができても身だしなみが整っていないと、あの人は内面もだらしないんじゃないかと思われても仕方がない。確かに人は外見より中身が大切だけど、そういうふうに思う人が多いのが現実だと**私は**思うよ。それに身なりにかまわなすぎると、正直言って、まわりの人があまり心地よく感じないと**私は**思うんだ」

ステップ3　相手の考えを聞く

上司　「私がいま言ったことに関して、どんなふうに思っている？」

部下I　「よくわからない、というのが正直なところです。人間は中身で勝負だと思っていますし、一応スーツを着ているのだから、そんなに問題でしょうか」

上司　「そうなんだね。I君はあまり服装とかには関心がないんだね。それだと面倒くさいだろうね。確かにスーツを着ていればとりあえず問題はないという考え方もあるけれど、お客さまの中にはすごく身だしなみに気をつけている人もいると思うんだ。そういう人から見たら、『I君は自分に会いにくることを大事な仕事だと思っていない。だから服装を整えることにエネルギーを割かないんだ』という印象を持つと思うんだよね。確かに人間は内面のほうが大事だけれど、仕事の気合を入れる意味でも、朝、出勤前に身だしなみに注意してみないか？」

このように上司のほうから提案しないと、部下からは解決策が出ないこともあるでしょう。

ステップ4　解決策を考えさせる

部下Ｉ「しかし身だしなみといっても、どこに気をつければいいのか……」

上司「そうだよな、自分じゃ人からどう見られているかわからないか。もしよければ一緒に考えようか」（一緒に「毎朝の身だしなみチェックリスト」をつくる）

ステップ5　支援する

上司「もしよかったら、毎日きみの姿を見て、できているかどうか確認しようか？監視されているみたいでイヤかもしれないが、回数をこなせば習慣になっていくからね。ちょっとやってみよう。目的は継続しているかを確認することだ」

事後ステップ

お礼と励まし

上司　「それじゃ、いいね。I君、できるビジネスパーソンに……もうなってると思うけど、そんなふうにまわりから見られるようになることを期待しているよ！　今日はありがとう」

おわりに

「叱り」は、職場の信頼関係を深める第一歩

最後までお付き合いいただき、心より感謝します。

後半では、部下のタイプ別の叱り方や、状況に応じた叱り方を具体的にご紹介しました。さまざまな、よくあるタイプの部下を登場させましたが、どのようにお感じになったでしょうか。もしも後半だけをお読みになった方がいたら、ぜひ前半の基本ルールの部分も読んでいただきたいと思います。なぜこのような叱り方をするのか、腑に落ちるはずです。

世の中の叱り方のコツと言われるものは、基本ルールや原理の裏付けなく、パターンやケースのみを示したものも少なくありません。それでは、それぞれの状況にあわせて叱ろうとしても、なかなか実践しにくいのではないでしょうか。

本文でも述べたように、私が提案する叱り方は、次の3つを特徴としています。

1 叱り方には型（シナリオ）がある。基本形は1つだけ。そしてそれは、叱る人と叱られる人の双方向の対話によって実行される。
2 対話をより効果的なものにするための、対話のコツがある。
3 叱ることについての、まずは押さえておくべき心構えがある。

そう、ポイントは「基本形は1つ」。どんな部下であっても、どんなシチュエーションでも、部下がどんなミスをしたときでも、この「型」に当てはめて考えれば、人の心を動かすことができます。とてもシンプルなのです。そして「1つの型」と「対話のコツ」と「叱りに対する心構え」を押さえておきさえすれば、あとは状況に応じたアレンジを加えることで、スムーズな「叱り対話」ができるのです。成功のコツは、相手の存在を認めることと、部下の成長を願う気持ち、そして粘り強く対話を続ける姿勢です。

この方法のメリットを改めて挙げてみましょう。

・叱ることが苦手で嫌われるのが怖い人や、人に何かを強く言うことが苦手な人でも、威厳をもって叱る（注意や是正勧告）ことができる。
・叱られるほうも、叱られているとはあまり感じることがなく、かえって支えられているように思える。したがって叱ってくれた上司を嫌いになるどころか、むしろ信頼するようになる。
・結果として、叱る側と叱られる側の信頼関係が深まる。
・叱られたほうが、自発的に是正行動を起こすようになる。
・叱り方のシナリオはさまざまな事例に応用が可能なので、読者のみなさんが活用しやすい。
・叱る側の、物事や相手に対する捉え方や伝え方は、叱るシーン以外にも広く活用できる。

このようにたくさんのメリットがありますので、どうぞチャレンジしてご活用いただきたいと思っています。

本書は、前著『叱らないで叱る技術！』（セルバ出版、２０１５年）に続く、私の２冊目の著書です。前著は、企業の方に向けた叱り方の研修でお伝えしている内容をコンパクトにまとめ、書籍化したものです。したがって内容的には、本書よりさらに突っ込んだ方法論をお伝えしています。人間の心理についてもより深く記述し、叱り対話を実践する際に活用できるテンプレートも示しました。その反面、1冊の書籍でお伝えするには、やや堅苦しくて複雑な内容になってしまったのではないかといった反省点もありました。

そこで本書では、より広く職場のコミュニケーションに悩む方々に手に取っていただけるよう、極力シンプルさを心がけました。いわば「叱らないで叱る方法」の入門編です（ご興味をお持ちになって、より深く知りたい方は、『叱らないで叱る技術！』のほうもご覧ください）。

最後に、この本の誕生に関わる方々に、感謝をささげます。

まずは、本書の叱り方の底流にある哲学をご教示くださった先生方です。

私がコーチングに目覚めるきっかけを与えてくださった研修講師、コーポレート・エデュケーションの内海賢先生。この研修を受けなければ、いまの私はいなかったかもしれません。NLP（コミュニケーション心理学）にお誘いくださった、ヴァリュー・クリエーションの小寺博仁先生。先生に教えていただいた「痛みのマネジメント」と「喜びのマネジメント」のインパクトは、大きいものでした。それ以来私も「喜びのマネジメント」の普及を使命としています。

同じくNLPを学び、さらに催眠セラピーをご教示いただいた日本NLP総合研究所の田口圭二先生。先生の提唱された「〇（マル）づけコミュニケーション」（相手を決して否定せず、認めるコミュニケーション）は、私のコミュニケーション研究の根本原理になりました（実践はまだまだですが）。

次に、本書の上梓をサポートしていただいたみなさんです。

私の性分で、理屈が多く堅苦しくなりがちだった企画概要に的確なアドバイスをくださった、オトバンクの上田渉会長。私の研修コンテンツや話から、とても読みやすい文章に仕上げてくださった、ライターの長山清子さん。粘り強く、企画書から書籍にまとめてくださった、光文社ノンフィクション編集部の三野知里さん。本当にありがとうございました。みなさんがいなければ、私の頭にあったこの叱り方を、広く世に知っていただくことは叶いませんでした。

そして最後に、本書に何度も登場してもらった妻・鶴美。家庭内の会話を出してごめんなさい。これも本書の内容を効果的にお伝えするためと、理解してください。そしていつも支えてくれてありがとう。

本書によって、上司と部下の間のコミュニケーションに活気が生まれ、信頼関係が深まり、「喜びのマネジメント」が日本の職場に広まることを願っています。

2019年4月

田辺　晃

田辺晃（たなべ・あきら）

人材育成コンサルタント。中小企業診断士（福岡県中小企業診断士協会副会長）。TCCマネジメント代表。

1954年福岡県生まれ。1979年、東洋エンジニアリングに入社。1989年、TOTOに転じ、20年間エンジニアとしての経験を積んだ後、海外工場経営、国際調達、人材育成を10年間経験。

2010年、TCCマネジメント設立。「生きる喜び、働く楽しさに根差した無限の可能性を引き出すことにより、日本の、世界の人々を元気にすること」をミッションとし、組織活性化・人材育成コンサルタントとして独立。経営者や管理職向けにマネジメント、リーダーシップ、ビジネスモデル構築などを教える。コーチングとNLP心理学の要素を取り入れた独特のコンサルティングスタイルが経営者や社員を本気にさせると好評。また中小企業の経営支援活動の傍ら、企業研修・講演、個人向けセミナーを精力的に開催している。著書に『叱らないで叱る技術！』（セルバ出版）。

ホームページ：http://tcc-mng.com/

facebookアカウント：@tccmanagement

嫌《きら》われずに人《ひと》を動《うご》かす
すごい叱《しか》り方《かた》

2019年4月30日　初版第1刷発行

著　者　田辺晃《たなべあきら》
発行者　田邉浩司
発行所　株式会社 光文社
〒112-8011 東京都文京区音羽1-16-6
電話　編集部 03-5395-8172
書籍販売部 03-5395-8116
業務部 03-5395-8125
メール non@kobunsha.com
落丁本・乱丁本は業務部へご連絡くだされば、お取り替えいたします。

組　版　堀内印刷
印刷所　堀内印刷
製本所　榎本製本

　ISBN978-4-334-95092-7